Wolfgang Bollacher

Kleinbus mit Badewanne
und andere
Merkwürdigkeiten

Wolfgang Bollacher

Kleinbus mit Badewanne und andere Merkwürdigkeiten

mit Zeichnungen
von Gewi Bechtle

Schutzumschlag-Illustration:
Hinterglasbild von Ilse Bollacher-Paret

Fr. Stroh Verlag · Backnang

Der wüste Film

Vor vielen Jahren, als man von einem Oswalt Kolle und einer Beate Uhse noch nichts wusste, es aber auch schon Freude an erotischen Bildern gab, wurde der Handelsvertreter Benno vor dem Amtsgericht in B. angeklagt, unzüchtige Filme vertrieben zu haben, weshalb er strafbar geworden sei. Der Staatsanwalt behauptete, erdrückendes Beweismaterial zu haben, nämlich einen Film, den Benno an Kunden verschickt habe. Der Amtsrichter, dem die Sache zur Entscheidung übertragen war, beschloss, den Film in der Hauptverhandlung zum Gegenstand der Beweisaufnahme zu machen, was nichts anderes hieß, als dass der Film im Gerichtssaal vorzuführen war. Ein Vorführgerät wurde besorgt und ein Justizwachtmeister zum Filmvorführer bestimmt, dem darüber das Glück aus dem Gesicht lachte. Als der Saal verdunkelt war, geschah Seltsames. Immer wieder öffnete sich die Tür zum Verhandlungssaal einen Spalt breit, eine Person drückte sich herein und nahm im Dunkeln auf einem der Stühle Platz. Als der Film abgespult war, und es wieder Licht wurde, bemerkte man nahezu die gesamte Belegschaft des Amtsgerichts samt ihrem Chef, dem Herrn Amtsgerichtsdirektor im Gerichtskino. Alle – außer den Prozessbeteiligten – verließen rasch mit roten Ohren und niedergeschlagenen Augen die Stätte, wo nach Ansicht des Staatsanwalts so Wüstes gezeigt worden war.

Um ehrlich zu sein: Der Film hielt nicht entfernt, was der Staatsanwalt versprochen hatte. Eine unbekleidete junge Frau spielte mit einer Federboa, wobei sie stand, saß, kauerte, auf einem flauschigen Wollteppich lag und sich in all diesen Positionen ohne Unterlass drehte und wendete, dabei aber die Boa so geschickt handhabte, dass dem Zuschauer alles verborgen blieb, was ihn eigentlich zu sehen interessiert hätte. Dem Verteidiger gelang es daher, den Amtsrichter davon zu überzeugen, dass der dargebotene Film des Unzüchtigen entrate und dass Benno der Vertrieb desselben nachgesehen werden müsse, zumal da er nur ein Marktbedürfnis gestillt habe. Wie stark dieses sei, sei gerade ad oculos demonstriert worden, habe doch das löbliche und über jeden sittlichen Zweifel erhabene Personal des Amtsgerichts einschließlich seines Direktors alles liegen und stehen und die Rechtspflege ruhen lassen, um sich einige Minuten beim Betrachten gerade dieses Films zu entspannen. Es gab einen Freispruch.

Benno, der nur eine dürftige Schulbildung besaß, war glücklich und lobte seinen Verteidiger mit den Worten: „Also, das muss ich sagen, Ihr Plädofer war zack!"

Wein aus Frankreich

Ein französischer Klient, dem ich mich nützlich erwiesen hatte, wollte mich mit Wein aus seinem Vaterland erfreuen. Er suchte einen Weinhändler auf und trug ihm auf, mir ein gutes Gewächs zu schicken. Das war im Oktober. Die Liebenswürdigkeit meines Klienten ereilte mich kurz nach Weihnachten. Ich wurde von der Güterabfertigung des Bahnhofs Ludwigsburg angerufen, es sei ein Paket eingetroffen, das Wein enthalte und das ich abzuholen hätte.

Am vorletzten Dezembertag, einem Tag, den ich nicht vergesse, verfügte ich mich zur Güterabfertigung und betrat dort einen überheizten Raum, in dem mehrere Personen verschiedenen Geschlechts an Schreibtischen in ruhiger Arbeit ihr Brot verdienten. Ich gab mich als Adressat eines Pakets zu erkennen, dessentwegen ich schon von einer hohen Güterabfertigung einen Anruf erhalten hätte. Hierauf erhob sich gesäßschwer eine Beamtin und sagte: „Ach Sie send des!" Sie legte mir ein unansehnliches Papier, den Frachtbrief, vor und bemerkte harsch, ich hätte einhundertzehn Deutsche Mark zu erlegen. Die Nachricht traf mich unvorbereitet und ich stammelte, nach meinen Einsichten sei der Wein geschenkt. „Dr Wein vielleicht, d'Fracht aber nicht!" antwortete die Breithüftige. Verstimmt griff ich zum Geldbeutel und bezahlte, in der Hoffnung, bald bei meiner Frau wegen meiner drohenden Verarmung Trost zu finden, ihr aber auch den Anlass hierzu, nämlich den Wein aus Frankreich, vorstellen zu können. Ich irrte. Die Beamtin, die mein Geld eingestrichen hatte, belehrte mich, die Ausfolgung des Frachtgutes setze die Zollfreigabe voraus. Sie werde vom Zollamt erteilt, das sich freilich nicht im Hause, sondern etwa einen guten Kilometer entfernt am Arsenalplatz im Herzen der Stadt befinde. Niemand wird es wundern, dass ich Regungen in mir spürte, wie sie in der medizinischen Literatur als Vorboten eines delirium furibundum beschrieben werden. Ehe es aber zum Delirium kam, war ich ins Freie gelangt.

Ich setzte mich ins Auto und fuhr von der an der Markungsgrenze zu Kornwestheim gelegenen Güterabfertigung zum Zollamt, parkte im Hof der Behörde und stieg auf knarrender Treppe in eine Amtsstube im ersten Stock. Der hier befindliche Beamte sah mich abweisend an, ließ es aber an Zuvorkommen nicht mehr fehlen, als er merkte, dass er für mein Anliegen nicht zuständig war. „Da sind Sie falsch, ich bin der Sammelzoll," sagte er und genoss sichtlich vergnügt seine Inkompetenz. „Sie müsset nonter zum Kollege in d'Halle zum Schalter vier!" Ich kehrte dem wohlgemuten Staatsdiener den Rücken und fand mich bald vor dem empfohlenen Schalter. Der diensthabende Zöllner nahm mir die Frachtdokumente aus der Hand und fragte: „Hent Se ebbes dabei?" Dabei rieb er Daumen und

Zeigefinger der rechten Hand. Meine Gesichtsfarbe schwand und ich schluckte trocken, ehe ich heiser bejahte. Der Beamte setzte eine Rechenmaschine in Betrieb, um den in dem Frachtbrief ausgewiesenen Warenwert von der französischen in die deutsche Währung zu transponieren. Die Maschine arbeitete unangenehm lange. Als sie endlich einen Zettel ausspuckte, riss ihn der Maschinist ab, warf einen Blick darauf und wandte sich mir zu. Sein Gesichtsausdruck verhieß nichts Gutes. „Das Frachtgut", eröffnete er mir, „verkörpert einen Wert von 229,12 DM" und, als ich stumm blieb, „des kostet Zoll". Er machte eine Pause, weidete sich an meiner schlechten Verfassung und fuhr dann fort: „aber mir pauschalieret, pauschaliert wird mit fünf Prozent aus 'm Wert!" Ob ich noch etwas in der Stadt zu besorgen hätte, weil es einige Zeit dauern könne, bis es ausgerechnet sei.

Ich verneinte. Dann solle ich in der Halle warten. Wenn der Rechengang beendet sei, werde mich der Beamte an der Kasse aufrufen.

Ich wartete. Die Halle war menschenleer und hinter den Schaltern war nur schwaches Leben. Alles machte den Eindruck des Überflüssigen. Mein Gehirn erzeugte radikale Gedanken. Nach zehn Minuten hörte ich meinen Namen rufen. „Hier!" meldete ich mich mutig, hatte weiteres Geld zu bezahlen, nämlich 11,40 DM Zoll in die Finanzkasse und erhielt dafür eine von dem Kassenbeamten eigenhändig unterzeichnete Quittung über pauschalierte Eingangsabgaben.

Hier ist die Stelle, an der ich stolz bekennen möchte, dass ich die Aufgabe, wie viel fünf Prozent aus 229,12 DM sind, etwa in einer Minute im Kopf gelöst hatte, trotz meines angeschlagenen Zustands und parallel zur Erzeugung der schon erwähnten radikalen Gedanken, also in zehnmal kürzerer Zeit als der Rechenmaschinenpark des Zollamts – Zahlstelle – Ludwigsburg.

In der Güterabfertigung, die ich nach längerer Autofahrt wieder erreichte, kannte ich mich schon aus und hielt der Beamtin, die sich meiner noch erinnerte, mein Patent unter die Nase. „Mir hent jetzt nix mehr mit der Sach zom do," sagte sie, „jetzt müsset Se in d'Halle, dort krieget Sie's vom Abfertiger!" Ich tat nach Geheiß, trat in die Halle und schritt durch einen abstoßend hässlichen, langgestreckten eiskalten Bau, durch dessen zahllose Öffnungen ein schneidender Dezemberwind pfiff. Zu meinem Unglück musste ich auch noch eine Menge großer Kartons mit der Aufschrift: „Kühlen mit Eisfink" passieren, was meine Erstarrung beschleunigte. Endlich entdeckte ich den Abfertiger. Er trug eine Pelzkappe und hatte so viele Pullover an, dass er seinen Kopf nicht mehr zu bewegen vermochte und eine Körperwendung machen musste, wenn er sehen wollte, was sich rechts und links neben ihm abspielte. „Mechtet Se ebbes abholen?" fragte er mich. Ich nickte und hielt ihm mein auf dem Zollamt erworbenes Papier entgegen. „Au", tönte es aus den Pullovern, „Sie send a Zollfall, do gehet Se wieder zrick, Zollgut hent mer vorne in der Halle, damit d'Leit net so weit laufe misset. Vorne, wo Se grad vorbei send, do isch a Kabuff, mer meint, 's hockt koiner drin, 's hockt aber doch einer dren, do gehet Se nei, dort krieget Se Ihr Sach."

Es gibt Situationen, in denen man spürt, dass man sich der Grenze seiner Belastbarkeit nähert, in einer solchen Situation befand ich mich. Ich wendete mich mit letzter

Kraft, durchmaß die längste und kälteste Halle der Welt zum zweiten Mal und fand schließlich den über die Zollfälle gesetzten Beamten in seinem Kabuff. Noch ehe ich ihn grüßen konnte, fiel er mich mit der Frage an: „Hent Se de Zollstempel?" Ich bejahte und erregte damit seinen Unwillen. „Na muss ich's Ihne gebe!" antwortete er und führte mich zur Ursache der nahezu vollständigen Opferung meines Nachmittags, einem Karton mit Burgunderwein. Er vermied dabei jede hastige Bewegung, um ja nicht zu viel Leistung in seine Dienstzeit zu zwängen.

Ich brachte den Karton nach Hause, packte den Wein aus, legte die Flaschen in den Keller und wusste plötzlich, dass ich etwas gelernt hatte. Ich hatte gelernt wie man einen Menschen zur Verzweiflung bringen kann. Man muss ihm Wein unfrei aus Frankreich schicken, wenn möglich „bahnlagernd Ludwigsburg".

Die Geschichte hat noch eine andere Dimension. Der gute Klient hatte den Wein natürlich frei gemacht, aber aus rätselhaftem Grund verschwanden die Belege, und es gelang trotz Bemühens nicht, das zuviel bezahlte Geld zurück zu erhalten, in Frankreich nicht und in Deutschland nicht. Ich glaube trotzdem an Europa.

Momentomole oder Ratenzahlung auf italienisch

Cesare Mazza stammte aus Pozzuoli bei Neapel und sprach ein flüssiges Italienisch. Er war mittelgroß und hatte schwarze Haare, auch auf der Brust, wie sein geöffnetes Hemd erkennen ließ. In seinem Gesicht funkelten dunkle Augen, mit Gestik und Mimik geizte er nicht, sein Temperament entsprach dem des Vesuvs, und er arbeitete in einem Ludwigsburger Industriebetrieb.

Ich konnte es mir vorstellen, wie sein Vorarbeiter, der aus Möglingen oder Schwieberdingen stammen mochte, Cesares mediterranen Eifer am Arbeitsplatz mit den Worten zu zähmen versuchte: „Moment amole!" Dieses „Moment amole" hatte Cesare seinem deutschen Wortschatz einverleibt, und er verstand darunter die Aufforderung an sein Gegenüber, zunächst einmal nichts zu tun, abzuwarten und ruhig zu sein. Freilich machte er als vokalliebender Süditaliener aus dem schwäbisch-dumpfen „Moment amole" das klangschönere „Momentomole".

Cesare begegnete ich, weil er meiner Klientin – einer Bank – Geld schuldete und es nicht zurückzahlte. Als er erstmals in meine Kanzlei kam, hatte er gerade den Brief erhalten, in dem ich ihm bei Vermeidung für ihn unbequemer Weiterungen nahelegte, seine Schuld sofort zu begleichen.

„Avvocato, Momentomole!" begann er, „icke nixe Gelde, näxte Monat, icke zahlen viele, nur diese Monat icke kann nix geben dir!" Ich wurde weich, woran auch die vertrauliche Anrede Anteil gehabt hatte und vereinbarte mit ihm, dass er immer am Ersten jeden Monats dreihundert Mark an mich bezahlen solle und zwar solange, bis die Schuld beglichen sei, die erste Rate im kommenden Monat. Cesare wirkte wie ein Mann, der erreicht hatte, was er wollte und verließ mich mit einem „Tante grazie, dottore!"

Am nächsten Ersten erschien Cesare pünktlich mit geöffnetem Hemd. Ich freute mich des pflichtbewußten Schuldners und rief eine Mitarbeiterin herbei, damit sie die Zahlung in Empfang nehme und quittiere. „Momentomole!" scholl es mir da entgegen, „icke zahle erst andere Monat." Und ich erfuhr, dass er dem Vater in Pozzuoli Geld geschickt hatte, weil über diesen eine Katastrophe hereingebrochen war. Ein Wirbelwind hatte dessen Casa abgedeckt und die Kosten für ein neues Dach waren von dem Vater nicht aufzubringen gewesen. Da hatte er, der Sohn, einspringen müssen. Cesare suchte beflissen in einer nicht mehr jungfräulichen Brieftasche nach einem Beleg, um mir zu beweisen, dass er wahr spreche und tatsächlich Geld nach Italien transferiert hatte.

Ich winkte ab und sagte, es sei das letzte Mal, dass ich Nachsicht übe, entweder er zahle nächsten Monat zum ausgemachten Termin oder das Rad der Justiz beginne sich zu drehen. Ich tat dabei so, als wringe ich in den Fäusten ein nasses Wäschestück aus. „Ho capito, avvocato, va bene", erwiderte Cesare mit Ernst und ließ mich allein, um aber schon nach wenigen Minuten wiederzukehren und mir nochmals zu beteuern, dass er „ganz bestimmte" zahlen werde. Am folgenden Zahlungstermin hatte ich auswärts zu tun. Bei meiner Rückkehr fand ich ein Billett vor, auf dem mit ungelenker Hand geschrieben war, er – Cesare – sei dagewesen, habe kein Geld abgeliefert, komme aber wieder, um mir alles persönlich zu sagen. Ich argwöhnte, dass neues Unheil über die Mazzas gekommen war, vielleicht hatte diesmal der feuerspeiende Berg den Stammsitz der Familie unter Bimsstein begraben oder die Mafia hatte zugeschlagen oder die Camorra oder die Brigata rossa …

Es war aber etwas anderes geschehen. Schon am anderen Tag rief Cesare an. „Bin Mazza", rief er ins Telefon, „wann kann ich kommen?" Ich nannte ihm einen Termin, zu dem Cesare mit allen Zeichen der Unruhe erschien. „Dottore, icke zahle subito, aber nicht jetzte. Icke habe nicht Glück, icke habe Autounfall, icke muss zahlen Gelde für große riparazione." Ob ich wollte oder nicht, ich musste mir anhören, wie ihn das Schicksal prüfte. Vor einer Woche hatte sein „bambino malato" mit der „macchina" – einem Fiat – ins Krankenhaus gefahren werden müssen. „Pericolo di vita!" Cesares Augen weiteten sich bei dem Gedanken an die Unglücksstunde. Auf schmaler Straße hatte dann der Fiat ein entgegenkommendes Auto gestreift, die Polizei war gekommen und hatte ihn – Cesare – beschuldigt, obwohl er – Momentomole – gar nicht am Steuer gesessen war, sondern Graziella, sua moglie. Die Polizei hatte aber den falschen Zeugen im anderen Auto geglaubt, die sagten, er habe gelenkt und verkehrswidrig dazu. Es sei dies ein altes Übel der Polizei, dass sie von der Wahrheit nichts wissen wolle, das habe er auch schon einmal in Kalabrien erlebt. In seinem Fiat seien aber viele Zeugen gesessen, die schwören könnten, Graziella sei gefahren und zwar richtig. Die Zeugen hießen – jetzt folgte ein Ohrenschmaus – Simonetta Bonadia, Massimo Manconera, Niccolo Franceschetti und Giovanna Renata Montalbettini. Alle diese Leute hätten den kranken Bambino ins Krankenhaus begleitet und wohnten im selben Haus wie er, nella stessa casa. Er habe keine Schuld, auch Graziella nicht, denn das andere Auto sei nicht rechts gefahren, vielmehr auf ihrer – Cesares und Graziellas – Seite. Trotzdem müsse jetzt alles er bezahlen und bekomme nichts von der Compagnia d'Assicurazioni des Kontrahenten.

Ich versicherte ihm, dass mich die Geschichte nicht interessiere, ich wolle endlich Geld für meine Klientin und … „Momentomole, La devo interrompere!" Ob sein Bericht den Prolongationswunsch nicht genügend rechtfertige, eh? Ob es unter der Sonne einen Menschen gäbe, der in gleicher Lage anders handelte als er, und ob ich nicht verstünde, dass er seinen Fiat reparieren lassen müsse, den er für die Anreise ins Geschäft brauche, weil er sonst überhaupt nicht mehr ins Geschäft gelangen könne, um Graziella, den Bambino und sich zu ernähren und – attentione avvocato! – um Geld für meine Klientin zu verdienen?

Ich gab ihm ein allerletztes Mal recht. „Le sono molto obbligato, signore, grazie per la Sua gentilezza!" schrie er, verbeugte sich mit der rechten Hand am Herzen und ging seiner Wege.

Am nächsten Fälligkeitstag kam Cesare, allerdings nicht allein, sondern in Begleitung zweier Gesellen, die er als seine Brüder vorstellte, was mir gar nicht gefiel. Die Brüder hatten offenbar die Funktion einer Schutztruppe oder Bodyguard und sahen auch so aus: finster, gut im Fleische und unrasiert. Cesare breitete in ihrem Schatten die Arme aus: „Avvocato, icke nixe kann zahlen! Una cosa spiacevole, una cosa brutta, una cosa cattiva! Momentomole! Andere Banke hat mir Lohne gepfändet, icke habe nur hundert Marke für ganze Woche und ganze famiglia, non ci posso far nulla – ich kann nichts dafür!" Er hielt jäh inne … Irgendetwas an mir war die Ursache dafür.

In der Tat, er hatte mich in meiner Advokatenehre verwundet, hatte ich doch gegenüber einem säumigen Schuldner zu große Langmut gezeigt und es dadurch zugelassen, dass ein anderer Gläubiger meiner Klientin zuvorgekommen war. Ich konnte mir den Vorwurf mangelnder Pflichterfüllung nicht ersparen. Kein Wunder, dass ich mich dunkelrot verfärbt hatte, was Cesare auffiel. Das war das eine. Das andere war dies: Auf der Suche nach einer Antwort, was jetzt zu tun sei, war vor meinem inneren Auge das große Vorbild aller forensischen Kunst aufgestanden: Marcus Tullius Cicero. Ich sah ihn, wie er vor dem Tempel des Jupiter Stator auf dem Forum in Rom wider Catilina und andere verbrecherische Existenzen wetterte und dem Recht zum Siege verhalf, und ich beschloss, ihm nachzueifern. Auch von diesem Vorgang schien Cesare etwas zu spüren.

Ich nutzte die Erschrockenheit Cesares und tat, was ich sonst nicht tue. Ich schrie und erzählte Cesare und seinen Brüdern die Geschichte einer bodenlosen Niedertracht, nämlich die Geschichte von Cesares Ausreden und schwur, fürchterliche Rache – vendetta – zu nehmen. Wenn nicht, so tobte ich, wenn nicht noch heute abend die ersten dreihundert Mark in meinen Händen lägen und die folgenden Raten zu den vereinbarten Zeitpunkten, so geschähen Dinge, die man noch nicht einmal in Neapel kenne.

Ich hatte den richtigen Ton gefunden. Die Fratelli Mazza zeigten Wirkung. Sie waren kleiner geworden und hatten an Ansehnlichkeit verloren. Cesare streckte mir die Hand entgegen. Ich nahm sie. Die Hand war feucht. „Icke werde zahlen heute und dann immer, parola d'onore, dottore!" sagte er. Die Brüder fielen ein, jawohl es werde bezahlt, parola d'onore.

Und so geschah's. Cesare zahlte noch am selben Abend und er zahlte auch pünktlich zu den folgenden Terminen, bis alles beglichen war.

Was lehrt die Geschichte? Sie lehrt uns – Momentomole –, dass es ein schwäbischer Advokat durchaus mit einem neapolitanischen Spitzbuben aufnehmen kann, wenn auch nur vermöge Stimmband und Ciceros Langzeitwirkung.

Der Mast

Der junge Mann, der dem Anwalt an einem frühen Dezembermorgen gegenüber saß, hatte gerötete Augen und keine Morgentoilette gemacht. Seit er ins Sprechzimmer getreten war, regierte darin ein strenger Geruch.

„Ich habe ein Problem", begann er, bemüht, nach der Schrift zu sprechen. Es folgte eine Pause, die der frühe Klient dazu benutzte, den rechten Zeigefinger in die Nase zu stecken und dort etwas in Ordnung zu bringen.

„Ich war gestern Abend bei der Weihnachtsfeier meines Betriebs, dann bin ich mit meinem Auto nach Hause gefahren und jetzt ist die Polizei hinter mir her." Der Erzähler sah hilfesuchend den Anwalt an und wusste, als dieser schwieg, nicht recht, woran er mit ihm war. Er begann deshalb die Sache von einer anderen Seite her anzupacken.

„Darf die Polizei mich überhaupt verfolgen?"

Das hänge davon ab, ob er schon am Ende sei oder noch mehr zu sagen habe, versetzte der Jurist. Wie sich zeigte, war der junge Mann noch nicht am Schluss. Der Sachverhalt gewann Gestalt.

„Es hat mich um zwei Uhr nachts aus einer Kurve hinausgetragen. Mein Auto blieb auf dem Gehweg stehen. Ich bin ausgestiegen, habe das Warndreieck aufgestellt und bin zu Fuß weiter."

„Und jetzt hat die Polizei Ihr Auto gefunden und kam zu Ihnen in die Wohnung?"

„Nein, sie kam zu meiner Freundin. Ich bin nämlich nicht nach Hause zu meiner Mutter, sondern zu meiner Freundin und dorthin ist die Polizei gekommen, nachdem sie vorher bei meiner Mutter gewesen war. Die hat dann gesagt, wo man mich finden könne. Jetzt fiel er ins Schwäbische: „I han bei meiner Sigrun grad no hinte naus könne." Der Klient heftete große runde Augen auf den Anwalt und war erstaunt, dass dieser bei so viel Polizeistaat ruhig bleiben konnte.

Warum er nicht weitergefahren sei mit dem Auto, wollte der Anwalt wissen.

„Es lief nicht mehr. Radkasten und Kühler waren eingedrückt, aber sonst war nichts mit ihm."

Ob er auf der Weihnachtsfeier Alkohol getrunken habe, forschte der Anwalt.

„Wer?" fragte er, um die Bejahung der ihm unangenehmen Frage hinauszuschieben.

„Sie natürlich." „Ja," sagte er, „acht Bier."

„Glas, Flaschen oder Fass?" forschte der Anwalt unbarmherzig weiter. Er habe acht halbe Bier getrunken, aber, so fügte er hinzu, er habe auch gegessen, etwas Fettes sogar. Man muss die Ernährungsgewohnheiten des Volkes kennen, um zu wissen, dass fettes Essen den Genuss von Schnaps auslöst. Der Anwalt kannte diese Gewohnheiten. Wie viele Schnäpse er dem fetten Essen nachgeschickt habe, fragte er darum. Er erinnere sich an vier, meinte der Automobilist.

„Haben Sie auch Wein getrunken?" „Nein, nein, Wein trinke ich nicht," und jetzt erzählte der unrasierte Mann plötzlich sehr redselig, dass er Wein nicht vertrage, dass schon sein Vater keinen Wein vertragen habe, soviel ihm bekannt sei auch sein Großvater nicht, und dass er darum nie Wein trinke. Wer trinke schon Wein, wenn er wisse, dass ihm Wein nicht bekomme. Wein habe er deshalb auch nicht bei der Weihnachtsfeier getrunken, der Anwalt dürfe ihm glauben.

Der Anwalt glaubte ihm. Dann setzte der Verfolgte seine Darstellung fort. Nach der Weihnachtsfeier habe er heim gewollt und sich ins Auto gesetzt. Er habe noch gut fahren können, habe auf Anhieb den Weg gefunden, nur an der Unglückskurve am Rand der Stadt sei er ins Schleudern geraten, wahrscheinlich, weil die Straße schlecht sei und nach außen hänge. Die Stadt sei an dem Unfall schuld, jawohl die Stadt. Die Stadt dürfe keine Straßen bauen, die nach außen hängen, keine Stadt dürfe dies. Dann wurde er kleinlaut und schloss seine Reden mit den Worten: „Was soll ich jetzt machen?"

Der Anwalt riet ihm, zur Polizei zu gehen und sich als Halter des abgestellten, abgesicherten und beschädigten Autos zu melden, im Übrigen aber keine Angaben zu machen, weder zum Verlauf des Unfalls noch zum Alkoholkonsum. Mit einer Blutprobe müsse er rechnen, aber vielleicht ergäbe diese keinen kritischen Wert, dann behalte er den Führerschein, weil ihm Fahren in angetrunkenem Zustand nicht nachzuweisen und weil bei der Fahrt kein Fremdschaden entstanden sei.

„Aha," sagte er. „Haben Sie verstanden, was ich gesagt habe?" fragte der Anwalt. „Aha."

Der Anwalt spürte, dass der Klient noch etwas zurückhielt, was wichtig war. Er hatte sich nicht getäuscht.

„Und der Mast?" fragte der von der Polizei Bedrängte.

„Welcher Mast?"

„Der am Straßenrand stand, gegen den ich mit dem Auto geprallt bin, was ist mit dem?"

„Was soll mit ihm sein, er ist doch unbeschädigt?"

„Ha des grad net," sagte der Unglücksfahrer und redete wieder Mundart, „er isch abkracht und d' Leitunge send ronder komma!"

Jetzt hatte die Betriebsamkeit der Polizei auch den letzten Rest an Unverständlichkeit verloren, jedenfalls für den Anwalt. Er sagte dies seinem Mandanten. „Aha," meinte der.

Der Anwalt fuhr fort, er bleibe bei seinem Rat, freilich müsse der Havarist jetzt damit rechnen, wegen Unfallflucht angeklagt zu werden, weil er nach einem Verkehrsunfall, bei dem erheblicher Fremdschaden entstanden sei, die Unfallstelle verlassen habe, noch ehe feststellungsbereite Personen eingetroffen seien. Auch könne er ihm jetzt keine Hoffnung mehr machen, dass er den Führerschein behalte. Er werde beschlagnahmt und entzogen.

„Aha," sagte der übernächtigte Klient und schickte sich an, zur Polizei zu gehen. „Und was bin ich schuldig?"

„Das regeln wir, wenn alles hinter uns liegt," sagte der Anwalt.

„Aha," sagte der interessante Besucher und verließ das Sprechzimmer, das zu lüften der Anwalt sich beeilte.

Das Domaklesschwert im Rücken

Wer sich in der antiken Geschichte auskennt, weiß es natürlich sofort: Es heißt nicht Domaklesschwert, sondern Damoklesschwert und es steckte auch niemandem im Rücken, sondern es hing an einem Pferdehaar von der Decke über dem Haupt des üppig tafelnden Damokles, um ihn an die Brüchigkeit menschlichen Glücks zu erinnern.

Hyazinth Spörrle, der, wie sein Name verrät, aus einer Gegend stammte, in der man gut katholisch ist, hatte in der Schule Bruchrechnen und Heiligenlegenden vermittelt bekommen, aber keine antike Geschichte, und so sprach er vom Domaklesschwert, von dem er klagte, es stecke ihm im Rücken. Er wollte mit diesem, freilich nicht geschichtstreuen Bilde die Notlage hervorheben, in der er sich befand, und die Dringlichkeit rascher Hilfe.

Es gehört zu den reizvollen Aufgaben des Anwalts, hinter einer solchen Klage den juristischen Tatbestand aufzuspüren. Hyazinth war ein braver Mann, Mitte der Dreißig, unverheiratet, mit einem Beruf, der ihn ernährte, aber er litt an einem Übel, das ihm zwar schon manche flüchtige

Freude, aber auch schon manchen längeren Kummer beschieden hatte. Er konnte sich nämlich nicht mit dem Anblick eines hübschen Weibes begnügen, sondern er musste es betasten. Nicht der Augenschein, erst die Berührung verschaffte ihm Behagen. Weil nun aber nicht jedes Weib Hyazinths Hände an ihrem Körper duldete, hatte es Hyazinth schon mehrfach mit der Justiz zu tun gehabt, vor allem dann, wenn er seine Tastfertigkeit an solchen Frauenspersonen erprobt hatte, denen das Gesetz ob ihrer Jugend besonderen Schutz zubilligt.

Nun war ihm gestern bei einem ländlichen Straßenfest wieder etwas unterlaufen. Gegen Abend war er auf hölzerner Bank neben eine junge Frau ledigen Standes geraten, die ihm mit zunehmender Dunkelheit immer verlockender erschien. Sein Tastsinn hatte sich erhitzt und so kam's, wie's kommen musste. Die Frau hatte plötzlich geschrien, Hyazinth von sich gestoßen, ihm Unanständigkeit vorgeworfen und ihm gedroht, die Polizei zu verständigen. Seitdem machte sich das Domaklesschwert im Rücken Hyazinth Spörrles schmerzhaft bemerkbar und Hyazinth suchte den Anwalt auf.

Hyazinth wurde genauer. Seine Hände hätten den „Mensch" berührt, sagte er und fuhr fort, als der Anwalt ihn fragend ansah, sein alter Religionslehrer, der hochwürdige Herr Pfarrer, habe immer gesagt, der Mensch fange über dem Knie an und höre am Hals auf, jetzt wisse er, der Anwalt, vielleicht schon etwas mehr. Und so war es. Die Leibesbezirke der Banknachbarin, auf denen sich Hyazinths Hände vergnügt hatten, waren für die rechtliche Beurteilung ausreichend abgesteckt. Der Anwalt riet, sich bei der Banknachbarin, deren Wohnung Hyazinth inzwischen erfahren hatte, zu entschuldigen und dies schnell zu tun, ehe es zu spät sei und die Mühlen der Justiz zu mahlen begonnen hätten. Hyazinth befolgte den Rat, stellte seinem Opfer eilig einen Brief zu und führte darin dem Sinne nach aus, er entschuldige sich hiermit und mit großem Bedauern für das, was er angestellt habe, aber es sei eben die Anziehungskraft seiner schönen Nebensitzerin gewesen, die ihn kopflos gemacht habe, und bei einer unansehnlichen Frau wäre ihm dies nimmermehr passiert.

Die aufrichtige und weibliche Selbstgefälligkeit nicht ungeschickt ins Kalkül ziehende Entschuldigung gefiel der betasteten Frau und sie ließ ihren Entschluss fallen, die Ermittlungsbehörde einzuschalten, ja sie hatte sogar nichts dagegen einzuwenden, dass Hyazinth bei künftigen Begegnungen, die in der kleinen Stadt, in der beide lebten, nicht ausbleiben konnten, sie grüßte, sie sogar ansprach und schließlich so vertraut mit ihr wurde, dass beide sich ehelich verbanden.

Frau Spörrle ist es gelungen, Hyazinths Tasttrieb zu ordnen, nämlich ganz auf sich zu lenken, und den unruhigen Händen ihres Gemahls eine allzeit kurzweilige Wirkungsstätte zu verschaffen, so dass Hyazinth nie mehr das Domaklesschwert im Rücken verspüren und einen Anwalt konsultieren musste.

Ist unsere Welt nicht voller Wunder?

Drahomira

Drahomira war eine Jugoslawin, jung, frisch und nett zurecht gemacht. Sie sprach ein drolliges Deutsch mit slawischem Akzent.

„Meine Mann Miroslav", so begann sie, „ist nicht, wie ich mir Mann winsche, ist nicht ganze Mann, tut nicht, was mir gefällt." Sie erzählte, wohl um ihre Eheschließung verständlich zu machen, dass Miroslav fleißig sei, zur Arbeit gehe und ihr „seine Geld bis auf Kleinigkeit" abliefere, dass er im Haushalt helfe, die Schuhe putze und dass er repariere, was entzwei gegangen sei.

Er sei ein guter Mann, sagte der Anwalt, sie könne froh sein an ihm.

„Bin aber nicht, kann nicht hinaufschauen zu ihm."

Was war mit Miroslav?

Er hatte kürzlich bei einem jugoslawischen Fest in einem Fußballspiel mitgewirkt und den Ball ins eigene Tor gesetzt. Die Zuschauer hatten gelacht und Drahomira hatte sich geschämt.

Es gäbe bedeutende Kicker, die schon ein Eigentor geschossen hätten, versuchte sie der Anwalt zu trösten.

Sie überhörte ihn.

„Wir haben kleine Garten vor Haus mit Bäumchen", fuhr Drahomira fort, „in Winter Miroslav hat Bäumchen geschnitten mit Schere. Bisschen später kam Gärtner von Gärtnerei an Ecke und hat gefragt, ob er darf zeigen seine Leute Bäumchen. Hab' ich Freude gehabt und gesagt, ja, er darf. Hat er gesagt, können seine Leute sehen, wie man Bäumchen nicht schneiden soll."

Es war einzusehen, dass auch dieses Erlebnis für Drahomira eine Enttäuschung war. Sie wäre gern stolz auf ihren Miroslav gewesen. Es war nichts damit.

Bis hierher ging die Einleitung. Jetzt kam Drahomira zur Hauptsache.

„Wenn Abend ist, meine Mann legt sich ins Bett und gleich auf Seite, liegt noch nicht, schläft schon. Geht so iber zwei Wochen."

Das war freilich schlimm. Der Anwalt verstand den Kummer der jungen Frau so gut, wie er die Mattigkeit Miroslavs nicht begriff, denn – noch einmal – Drahomira war appetitlich und besaß alles, was einem Mann Freude macht. Vielleicht war Miroslav wirklich „keine ganze Mann".

Aber Drahomira hatte eine andere Erklärung für Miroslavs Erschöpfung, die ihn doch als „ganze Mann" zu erweisen schien.

„Ist so, weil hat andere Frau!" stieß sie heraus. Jetzt quollen die Tränen. Drahomira öffnete ihre Handtasche und entnahm ihr ein Taschentuch, mit dem sie sich die Augen wischte, und eine Fotografie, die sie dem Anwalt mit den Worten reichte: „Ist Beweis!"

Der Beweis zeigte eine auf einem Bett liegende unbekleidete Frau in jugendlichem Zustand.

Das Foto war allerdings insoweit als missraten zu bezeichnen, als der Kopf der Liegenden nicht eingefangen war. Aber vielleicht hatte dies in der Absicht des Fotografen gelegen, dem es auf den Kopf weniger, auf die übrigen Körperpartien desto mehr angekommen war. Diese jedenfalls waren sehr gut im Bilde. Das Foto war nicht ohne Reiz.

„Wer ist diese Frau?" fragte der Anwalt die unglückliche Drahomira.

„Weiß iberhaupt nicht, Foto hab' ich gefunden in Anzug von meine Mann, wie ich hab' gebirschtet. Bin ich gleich zu Rechtsanwalt."

Der Anwalt betrachtete das Foto noch einmal. Es war ihm, als habe die nackte Schöne am unteren Rippenbogen eine kleine Narbe, die möglicherweise zu ihrer Identifizierung führen konnte. Er sagte dies Drahomira und fragte sie, ob sie eine Frau kenne, die eine solche Unregelmäßigkeit am Körper habe.

Sie schluchzte laut und wusste es nicht.

Der Anwalt gab ihr schließlich den Rat, Miroslav mutig auf das Foto hin anzusprechen, es ihm aber nicht auszuhändigen, denn es müsse als Beweismittel erhalten bleiben. Wahrscheinlich stelle sich alles als harmlos heraus, Männer trügen manchmal stimulierende Fotos mit sich herum, Drahomiras Ehe sei darum noch lange nicht in Gefahr. Sie solle wiederkommen und berichten, wie Miroslav sich verteidigt habe.

Drahomira ging.

Einen Tag später rief sie an.

„Bin selber", sagte sie. „Bin selber auf Foto, Narbe ist von Fahrrad, wo ich bin gefallen. Hab' ich vergessen. Foto hat Miroslav gemacht in Urlaub, wann ich geschlafen. Hab' ich ihm gefallen." Drahomira lachte silberhell.

„Ei", sagte der Anwalt und ahmte sie nach, „ist doch ganze Mann, deine Miroslav!"

„Ja", hauchte sie mit Erleichterung und es klang aus dem einen Wort heraus, dass sich Miroslav am Abend zuvor nicht gleich auf die Seite gelegt hatte und eingeschlafen war, dass deshalb die Welt wieder stimmte und Miroslavs Eigentor und falscher Baumschnitt alle Bedeutung für Drahomira rasch verloren hatten.

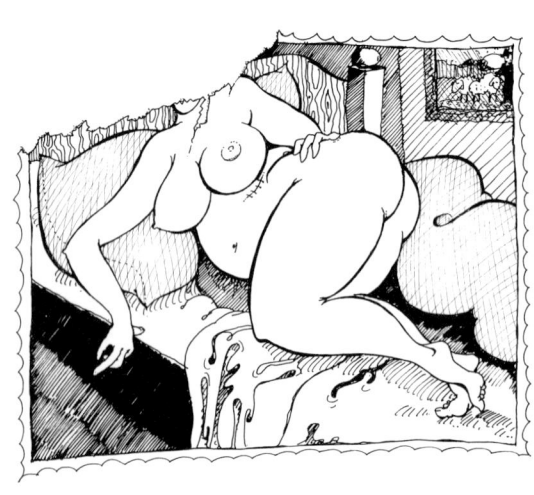

Die erotische Lina

Die verwitwete Lina, bei der das Licht des Verstandes nur mit kleiner Flamme brannte, kam zum Anwalt, um gegen ihren Arzt zu klagen, weil er eine Diagnose gestellt hatte, die sie kränkte. Die Diagnose, von der noch die Rede sein wird, hatte eine Vorgeschichte.

Lina hatte die Sechzig überschritten, aber in ihrem schweren und schon mangelhaft gewordenen Leib schlug noch immer ein liebebedürftiges Herz. Seit sie im Witwenstande lebte, hatte sie mal bei diesem, mal bei jenem Manne Trost gesucht, meist bei alten Schulkameraden, die bei ihr hereinsahen. Sie hatte sich beholfen, wie sie sagte, bis sie eines Tages einen pensionierten Postbeamten des einfachen Dienstes kennen lernte, etwa gleichaltrig mit ihr, der vor kurzem seine Frau verloren hatte und durch das plötzliche Alleinsein betrübt war. Lina erkannte, dass jetzt Gelegenheit sei, die Zeit des Behelfs zu beenden und sie verstand es, den Postler mit all seiner Habe zu sich ins Haus zu holen.

Sie erfreute sich der Mannsperson und tat alles, um der damit verbundenen Freuden lange teilhaftig zu bleiben. Sie lebte ihre weiblichen Triebe aus, kochte für den Genossen, schaffte Bier für ihn herbei, hielt ihm sauber, half ihm beim Bad in der Wanne, schrubbte und seifte ihm nicht nur Brust, Arme und Rücken, sondern auch heiklere Körperteile (Sie wisset no scho, Herr Rechtsanwalt), und achtete darauf, dass er nach strenger Zeit des Beisammenseins auch die nötigen Erholungszeiten von ihr hatte. Der Postler ließ es sich gefallen und man sollte meinen, er sei zufrieden gewesen.

Aber so war es nicht. Der Postler erwies sich Linas Zuwendung nicht würdig. Vielleicht hatte die gute Kost, das Bier und das regelmäßige Wannenbad seinen anfänglich getrübten Blick geschärft, jedenfalls vermochte er schon bald nicht mehr, über Unzulänglichkeiten an Linas Äußerem wortlos hinwegzusehen, so sehr Lina auch an sich arbeitete und unansehnlich gewordene Partien ihres Leibes unter schöner Wäsche und teuren Kleidern versteckte. Als Lina eines Abends in einem neuen Kostüm vor den Postler trat und ihn fragte, wie sie ihm gefalle, antwortete dieser, das Kostüm sei schon recht, nur sollten aus ihm halt unten schönere Beine und oben ein anderer Kopf heraussehen. Dieser Angriff auf ihr Erscheinungsbild und ihren Frischegrad traf Lina hart und leitete eine Entfremdung der Beiden ein. Es kam zu Auseinandersetzungen, an deren Ende der Herztod des Postlers stand. Nachdem er sich wieder einmal hatte anhören müssen, wie ungalant er sich gegenüber Lina benommen habe, war er umgesunken und hatte, so wie es einem rechten Postler zukommt, seinen Geist aufgegeben.

Das war Lina nun auch nicht recht. Vielleicht wäre doch noch einmal alles ins Lot gekommen, und sie hätte sich mit dem Postler versöhnt. Aber damit war es jetzt nichts mehr. Lina veränderte sich, wurde fahrig, redete viel und versicherte, ihr fehle nichts, vor allem der Postler nicht, auch sonst kein Mann, und sie komme ohne Liebe aus, sodass jeder erfahrene Zuhörer sofort bemerkte, dass Lina gerade das fehlte, von dem sie behauptete, es fehle ihr nicht. Bei Lina lagen Entbehrungssymptome vor, zumal da sie auch über Wallungen klagte, Schweißausbrüche und Schlaflosigkeit.

Schließlich hatte Lina den Arzt aufgesucht, damit er ihr etwas verschreibe. Der Arzt hörte ihre Geschichte an, beschäftigte sich mit ihr, maß Puls und Blutdruck, sah ihr in den Hals und vielleicht auch anderswo hinein und sagte zuletzt, sie sei in Gefahr, neurotisch zu werden, wenn nicht schleunigst etwas geschehe. Und wegen dieser Diagnose war Lina zum Anwalt gekommen.

Sie hatte nämlich verstanden, sie sei im Begriffe, „erotisch" zu werden und war darüber sehr aufgebracht, obwohl auch diese Diagnose, wäre sie gestellt worden, nicht weit daneben gelegen hätte. „Erotisch" war für Lina ein schlechtes Wort. Sie war es ihrer Meinung nach nicht, war es nie gewesen und wollte es nicht sein. Es sei eine Frechheit, zu sagen, sie sei erotisch, was der Arzt denn glaube, sie sei keine solche, sie komme aus rechtem Haus und in ihrer ganzen Familie sei niemand erotisch. Sie verlange, dass gegen den Arzt vorgegangen werde. Ihr Busen wogte.

Der Anwalt, der sich sein Urteil über Lina längst gebildet hatte, erkannte, dass ein Missverständnis obwaltete. Er rief in Gegenwart Linas den Arzt an und ließ sich bestätigen, dass in der Ordination nur das Wort „neurotisch" gefallen sei, ferner dass eine Neurose nicht vorliege, aber im Anzug sei und dass der Neurose das Haupt abgeschlagen werden müsse, noch ehe sie es richtig erhoben habe.

Wie sich zeigte, war die Neurose noch so fern, dass Lina sich von dem Missverständnis überzeugen ließ und sich erleichtert verabschiedete, um die ärztliche Behandlung fortzusetzen.

Der Anwalt konnte nicht umhin, ihr nachzusehen, wie sie mit der Grazie eines Ackerpferdes davonging, die Lina, die erotische.

Unternehmen Zaubergeige

Dem in gleichmäßiger Ehe lebenden Jonas Koberstein kam zu Ohren, dass Geschäftsreisen in eine größere Stadt, deren Namen nichts zur Sache tut, nicht eintönig sein müssten, es gäbe Möglichkeiten, sich nach des Tages Mühe zu zerstreuen. Freilich empfehle es sich, die Zerstreuung verborgen zu halten, vornehmlich vor nahen Familienangehörigen.

Koberstein beschloss, die nächste Geschäftsreise mit einer Zerstreuung zu würzen. Die zur Verwirklichung dieser Absicht nötigen Informationen zog er bei wissenden Kollegen ein, die ihm dieselben mit wenigen Worten, aber beseelter Gestik erteilten.

Die Zerstreuung wurde ein Erfolg. Sie hieß Sabrina Geige, arbeitete in einem Etablissement in der Altstadt, benützte ein aufregendes „parfum au caractère typé" und war auf eine solche Weise bekleidet, dass Koberstein je nach Lichteinfall nicht sicher war, ob sie nicht eigentlich nichts anhatte. Hinzu kam, dass sie von ungezwungener

Direktheit war. Koberstein kam ihr rasch näher, zahlte und trank mit ihr, was sie ihn an der Theke bestellen hieß, und fand sich alsbald mit ihr in einem kleinen Zimmer, wo sie ihm bei schwachem farbigen Lichte Freundlichkeiten zu erweisen begann, dergestalt, dass er sich in der Hitze seiner Emotionen dazu verstieg, sie nicht Sabrina, auch nicht Geige, sondern „Zaubergeige" zu nennen, was ihr zu schmeicheln schien. Ihr rauchiges Lachen verriet es.

Koberstein war beeindruckt und dachte an das Erlebnis auch noch, als die Geschäftsreise längst vorbei und er wieder am eigenen Herde war. Sabrina Geige wollte ihm nicht aus dem Sinn. Sie schlich sich sogar in seine Träume, und so kam es, dass ihm in einer Nacht, in der er, unruhig sich im Bette wälzend die nächste Geschäftsreise herbeiwünschte, das Wort „Zaubergeige" entschlüpfte. Dies vernahm ärgerlicherweise seine neben ihm liegende Eheliebstin, bei der sich Neugier regte. Was es mit der „Zaubergeige" auf sich habe, wollte sie am Morgen wissen. Koberstein wunderte sich, wie schnell ihm eine Antwort einfiel. Das sei der Name eines Pferdes, auf das seine Kollegen und er gesetzt hätten, und von dem sie hofften, dass es das Rennen mache, gab er zurück und gefiel sich seiner Verderbtheit. „Ein Pferd, so so," er solle sein Geld lieber in den Haushalt einschießen als ins Pferdetoto, war das einzige, was Madame Koberstein bemerkte.

Die Zeit verstrich. Koberstein hatte Sabrina Geige bei Gelegenheit weiterer Geschäftsreisen wieder gesehen, und seine Freude an ihr hielt an, wiewohl er seine Gefühle inzwischen so weit geordnet hatte, dass er, wäre er vor die Wahl gestellt worden, zwischen der Zaubergeige und Frau Koberstein zu entscheiden, nicht für jene, sondern für diese votiert hätte. Sabrina Geige war zwar eine reizvolle Person, wenn auch mit wenig ausgeprägtem Intellekt, aber Frau Koberstein war eben doch Frau Koberstein und ihm aufs Ganze gesehen lieber.

Noch ehe Koberstein zwischen beiden Damen frei entscheiden konnte, kam es zu Verwicklungen, die Koberstein das Gesetz des Handelns aus der Hand nahmen. Als Koberstein eines Abends nach Hause kam, spürte er mit dem Instinkt des langgedienten Ehemannes, dass etwas die Atmosphäre belastete. Seine Ehefrau beachtete ihn nicht etwa nicht, aber sie beachtete ihn anders als sonst. Und richtig, als er sich's eben bequem gemacht hatte, drückte ihm Frau Koberstein eine Postkarte in die Hand und sagte in einem sich jeder Beschreibung entziehenden Ton: „Das Pferd hat geschrieben." Koberstein fühlte den Boden unter sich weichen. Er überflog die Karte. Sie enthielt eine orthografisch höchst unzureichend abgefasste Depesche. Aber das war das Wenigste. Schlimmer war, dass die Karte meldete, falls er – Koberstein – sein Feuerzeug vermisse, solle er es nicht suchen, denn es sei in der Stadt am bekannten Ort bei der „Zaubergeige" – die herzlich grüße. Als Koberstein aufsah, begegnete er dem Blick seiner Ehefrau. Er hielt ihm nicht stand, eilte aus dem Haus und tat, was man nicht tun soll. In derangierter Gemütslage rief er Sabrina Geige von einer öffentlichen Fernsprechzelle aus an und ließ sie an seiner Einschätzung der Postkarte und deren Urheberin teilhaben. Dann kehrte er zu seiner Familie zurück, wo es wortkarg herging.

Wenige Tage später erreichte Koberstein der Brief einer Anwaltskanzlei, deren Inhaber die wenig verheißungsvollen Namen Teufel, Pfefferkorn und Schwefele führten. Der

Brief war aber nicht, wie man zu meinen versucht sein könnte, im Auftrag von Frau Koberstein verfasst, etwa deshalb, weil ihr das Pferdefaible ihres Gemahls missbehagte, sondern namens und in Vollmacht der Frau Sabrina Geige, Unterhalterin im „Flinken Fuchs" in Dingsstadt. An der Verdrießlichkeit Kobersteins änderte dies indes nicht viel. Er suchte seinerseits einen Anwalt auf und erzählte ihm seine Geschichte. Was er Frau Geige bei dem abendlichen Telefonat gesagt habe, wollte der Anwalt mit der seinem Berufsstand eigentümlichen Unbarmherzigkeit wissen. Er habe dem Sinne nach geäußert, dass die Nachricht vom Verbleib seines Feuerzeugs auf offener Postkarte und die Verwendung der Vokabel „Zaubergeige" kein glücklicher Einfall gewesen sei, und dass er die Absenderin deshalb tadle. Er müsse allerdings einräumen, so fügte Koberstein hinzu, dass er bei dem Telefonat leicht verständlich und vielleicht nicht sehr gepflegt formuliert habe. Jetzt hielt Koberstein die Zeit für reif, seinem Anwalt das Schreiben der Advokaten Teufel, Pfefferkorn und Schwefele auszuhändigen und dieser las, dass Koberstein Frau Geige ob ihrer selbstlosen Mitteilung eine „hirnrissige Trottoirwachtel", eine „Saukuh" und ähnliches genannt habe, und dies vor mithörenden Zeugen, weshalb sich die Unterhalterin in ihrer Frauenehre gekränkt fühle. Sie verlangte eine schriftliche Entschuldigung und die Übernahme der Teufel, Pfefferkorn und Schwefeleschen Kosten Zug um Zug gegen unfreie Übersendung des Kobersteinschen Feuerzeugs sowie die Versicherung, dass Koberstein sich künftighin von Frau Geige fernhalte.

Der Anwalt überzeugte Koberstein, dass die Form, in die er sein Urteil über die Verfasserin der Postkarte gegenüber Frau Sabrina Geige, gewesener „Zaubergeige", gekleidet habe, zu leicht verständlich, zu wenig gepflegt und etwas sehr gewöhnlich geraten und deshalb rechtlich bedenklich sei, weshalb es am Klügsten wäre, der Forderung der Feuerzeugverwahrerin voll umfänglich zu willfahren. So geschah es dann auch.

Nun war der Weg zu einer Versöhnung mit Frau Koberstein frei. Sie glückte, und damit war nicht nur das „Unternehmen Zaubergeige" zu einem befriedigenden Ende gebracht, sondern auch Kobersteins Lust nach außerehelicher Zerstreuung erstickt worden, endgültig, wie wir hoffen wollen.

Hund im Lokal

In einer juristischen Fachzeitschrift fand ich folgende Entscheidung des Amtsgerichts Jülich vom 28. 2. 1979:
§§ 833, 834 BGB
(Zur Tierhalterhaftung bei Stolpern über liegenden Hund)

1. Stolpert die Bedienung in einem Lokal über einen am Tisch des Gastes liegenden Hund, entfällt eine Halterhaftung, da der Unfall nicht auf die typische Tiergefahr zurückzuführen ist.

2. Eine – quotierliche – Tierhüterhaftung ist gegeben, wenn der Tierhüter einen großen Hund in eine engbestuhlte Gaststätte mitnimmt, und der Hund sich nicht unter den Tisch legt.

So die Leitsätze, denen die Gründe folgen.

Ich weiß nicht mehr, weshalb ich die Entscheidung meiner Frau vorlas, vielleicht, um sie an der Last meines beruflichen Alltags teilhaben zu lassen, vielleicht auch nur, um sie mit Außergewöhnlichem zu unterhalten. Der Erfolg war jedenfalls unauslöschliches Gelächter, wie es Homer erstmals beschrieben hat, dem sich sofort massive Vorhaltungen anschlossen. Sie wolle – so meinte meine Frau – nicht glauben, dass in dem unauffälligen Jülich am Niederrhein, das zur Römerzeit Juliacum geheißen und später als Zankapfel in einem berühmten Erbfolgestreit zusammen mit Kleve Aufmerksamkeit erregt habe, dass in diesem Jülich also, das sie dem deutschen Rechtskreis zuordne, ein Amtsgericht sei, das diese Judikatur absondere. Wenn ich jedenfalls wegen der Beschäftigung mit solch seichter juristischer Verlautbarung täglich zwölf Stunden und mehr dem häuslichen Herd und den erziehungsbedürftigen drei Söhnen fernbliebe, so werte sie dies von jetzt an als die Eröffnung von Feindseligkeiten. Ich umfing meine Frau, zog mich in ein halbdunkles Zimmer zurück und begann über die gescholtene Entscheidung nachzusinnen. Dabei musste ich erkennen, dass der Jülicher Richterspruch mehr leistet, als es nach der ersten Begegnung mit ihm den Anschein hatte.

Zum ersten: Hund ist nicht gleich Hund. Wird ein Unfall nicht durch die dem Hund typischerweise anhaftende Beweglichkeit, vornehmlich die seiner Kiefer, und die hieraus fließende Gefahr hervorgerufen, sondern durch die unbewegliche Masse Hund – in dieser Weise finden wir's in den Entscheidungsgründen, – so handelt es sich nicht um einen Schaden, der auf Grund der tierischen Natur – hier: der Hundsnatur – verursacht ist. Hundsnatürlich oder hundetümlich verhält sich der Hund nur, wenn er in Aktion ist. Befindet er sich leblos wirkend auf dem Fußboden eines Lokals, so ermangelt er des Hundsnatürlichen. Er ist dann als „Sache Hund" oder „Hundegut" nicht anders zu behandeln wie eine abgestellte Tasche oder ein niedergesunkener bezechter Gast. Der stationärpassive Hund ist also vom ambulant-aktiven zu unterscheiden. Nur der ambulante Hund verhält sich hundsnatürlich im Sinne des Gesetzes. Tierhalterhaftung nach § 833 BGB greift deshalb allein Platz, wenn die Hundsnatur – also nicht die Hundemasse – nicht hinweggedacht werden kann, ohne dass der Erfolg entfiele, mag der Erfolg auch hundsbedingt und hundsgemein sein.

Zum zweiten: Hund ist auch in einer weiteren Beziehung nicht gleich Hund. Die Pflichten des Tierhüters nach § 834 BGB wachsen nämlich proportional zur Ausdehnung des Hunds, gleichgültig, ob dieser stationär oder ambulant betrieben wird. Je umfänglicher die Hundemasse, desto höher die Sorgfaltsanforderung an den Hundswalter. Den Bewacher eines Rehpinschers trifft also ein geringeres Hunderisiko als den Aufseher einer Bordeauxdogge. Dies gilt in besonderem Maße beim gemeinsamen Lokalbesuch. Nimmt hier die liegende Hundemasse einen Teil der Verkehrsfläche zwischen den bestuhlten Tischen des Lokals ein, befindet sie sich also nicht unter dem Tisch, so ist der Hundewächter für den hundserzeugten Schaden mit verantwortlich, den ein Benutzer der Verkehrsfläche erleidet, weil er über den Hund fällt. Dies leuchtet ein, denn der Lokalbenutzer braucht mit am Fußboden unvermittelt auftretender Hundemasse nicht zu rechnen. Wie aber verhält es sich, wenn in einem Lokal mit intimer Atmosphäre ein kräftig aufgeschossener Hund in gutem Ernährungszustand die gesamte Verkehrsfläche ausfüllt? Hier lässt uns auch das Amtsgericht Jülich allein. Will man nicht die Schließung des Lokals bis zur völligen Enthundung fordern, so kann das hundsaußergewöhnliche Problem nur vom Gesetzgeber gelöst werden. Dabei ist diesem folgende Hilfestellung zu geben: Die Mitverantwortlichkeit des Tierhüters muss entfallen, wenn er zulässt, dass sich der Verkehr ausnahmslos über die Hundemasse abwickelt. Dem gleichmäßig über die Verkehrsfläche des Lokals verteilten Hund hat dann die rechtliche Qualität eines Fußbodenbelags zuzukommen. Dabei gehen konstruktionsbedingte Unebenheiten nach den zur Verkehrssicherungspflicht herausgeschälten Grundsätzen zu Lasten des Lokalchefs, die Abnutzung des Hundes dagegen zu Lasten des Hundehalters. Eine Beurteilung aus der Hundesphäre bleibt außer Betracht.

Die kurze Betrachtung zeigt, dass die Jülicher Entscheidung ihr Gutes hat. Sie ist lebensnah, schafft auf einem wesentlichen Sektor menschlich-tierischer Kontakte Klarheit und regt darüber hinaus zu Gedanken über die Rechtsfortbildung an. Sie sagt dem in einem Lokal über einen Hund strauchelnden Rechtsgenossen, wann er vom Hundefreund mit Ersatz des erlittenen Schadens rechnen darf und wann nicht. Das ist in hundzähligen Fällen hilfreich. Eine Geringschätzung der geistigen Leistung des Amtsgerichts Jülich und des diese Leistung urhebenden Richters, sicher eines redlichen und hochbegabten Mannes, wie man es von Richtern an Amtsgerichten gewohnt ist, ist darum unangezeigt. Ich werde versuchen, hiervon auch meine Frau zu überzeugen. Vielleicht bieten sich dazu die Hundstage an.

La Nascita di Venere
oder die Geburt der Venus

Rechtsanwalt Aufpass kannte Michele Altocanto schon länger. Er hatte in einer Verkehrsstrafsache einen Freispruch für ihn erwirkt und ihm ein anderes Mal geholfen, von einem störrischen Landsmann ein Darlehen zurückzuerhalten, an dessen Empfang sich dieser nicht mehr erinnerte. Michele hatte deshalb Grund, sich auch in einer dritten Sache an Aufpass zu wenden, der seine Interessen so geschickt zu vertreten wusste. Er kam eines Tages mit seiner Ehefrau Lucia, geborener Tamburini. Anlass des Besuchs war beider siebzehnjährige Tochter Orietta. Das Mädchen war in einen Kreis jugendlicher Aussteiger geraten, der sich „Greendream" nannte und schlug eine Laufbahn ein, die den Eltern nicht gefiel. Die jungen Leute lehnten es ab, etwas zu lernen und führten ein ursprüngliches Leben. Sie verpflegten sich von dem, was sie auf ein paar Gartengrundstücken vor der Stadt erzeugten, wo sie auch Tiere hielten und eine Holzhütte errichtet hatten. Sie kleideten sich nach Maßgabe früherer Kulturstufen, gingen in Holzschuhen und ungeschlachten Kutten aus Wolle, die sie selbst gefertigt hatten, und verabscheuten den Gebrauch von Seife, kurz, die Leute, und allen voran Orietta, gaben zu Besorgnis Grund. Ob Rechtsanwalt Aufpass nicht einmal mit Orietta reden könne, um sie aus dem grünen Schreckenszirkel zu lösen, so baten die Eltern.

Die Sache gehöre nicht in seine Zuständigkeit, entgegnete Aufpass, er sei kein Erzieher und Lebensberater, sondern habe dafür zu sorgen, dass niemandem Unrecht geschehe. Michele und Lucia wussten es aber besser, und so kam es, dass Aufpass sie samt Tochter Orietta zu sich einbestellte.

Die Altocantos hatten nicht übertrieben. Orietta machte keinen günstigen Eindruck. Sie trug ein härenes Kleidungsstück, das von den Schultern bis zu den Knien reichte, eine lange Hose und ausgetretene Sandalen. Auch die übrigen Attribute der Aussteigerin fehlten nicht: Fettiges und strähniges Haar, schwarze Fingernägel und saure Ausdünstung. Man mochte nicht weiterdenken. Michele Altocanto und Lucia geborene Tamburini hatten keine gute Nachkommenschaft. Orietta war ein Horror-Kid.

Aufpass fiel nicht viel ein. Er legte dem Mädchen auseinander, dass sie den Vorstellungen ihrer Eltern von einer Tochter nicht entspreche, dass es nicht einzusehen sei, wieso sie alle weiblichen Tugenden unterdrücke, sich hässlich mache und gehen lasse, umso weniger, als sie einer Nation angehöre, die Sinn für Schönheit und Ebenmaß habe. Orietta wolle doch mit sich zu Rate gehen, ob ihr nicht eine Rückkehr in die Gesellschaft möglich sei.

Rechtsanwalt Aufpass wusste nicht, ob er verstanden, ja noch nicht einmal, ob er gehört worden war, denn Orietta sagte nichts, sie hatte Aufpass nur unter halb geschlossenen Lidern hervor unbeweglich angesehen.

Es vergingen drei Jahre und Aufpass, der für seine Ansprache nichts berechnet hatte, hörte von den Altocantos nichts mehr, bis eines Tages Michele anrief. Er bat um einen Besprechungstermin, nicht für sich, sondern für Orietta. Sie müsse einen Arbeitsvertrag überprüfen lassen. Sie sei anders geworden, Aufpass werde sie nicht mehr erkennen. Er sage nur: „La Nascita di Venere". Seine Stimme war mit Stolz unterlegt.

Orietta erschien. Aufpass traute Augen und Nase nicht. Er erblickte eine junge Dame, bei der alles stimmte. Knappes Kleid. Glänzendes, dunkles Haar. Blanke Augen. Rosige Wangen. Schwellende Lippen. Schimmernde Arme und gut geformte Schenkel. Man sah es, wenn Orietta, auf dem Stuhl sitzend, die schlanken Beine übereinander schlug. Und um dieses alles herum Wohlgeruch.

Aufpass trug seinen Namen zu Recht. Er stellte den Schoenfelder – eine sperrige Gesetzessammlung – auf den Schreibtisch zwischen sich und das Mädchen, um nicht abzuirren. Orietta zeigte zwei Reihen feuchter weißer Zähne und lächelte. Sie öffnete ihre Tasche und brachte Fotografien von sich ans Licht. Sie war Mannequin geworden und führte Dessous und Badebekleidung vor. Ein bekanntes Unternehmen hatte ihr jetzt einen Vertrag angeboten, den sie auf Fallstricke hin untersuchen lassen wollte. Der Anwalt las den Vertrag. Er war großartig.

Wie war alles gekommen?

Orietta waren die Worte des Anwalts nahe gegangen und sie hatte begonnen, sich langsam aus dem Milieu des „Greendream" zu lösen. Sie war dann eines Abends an einen abgelegenen Baggersee gegangen, hatte ihre Kleider ab- und ein bürgerliches Badegewand angelegt, war über eine Holzplanke gegangen und hatte sich dem Wasser hingegeben. Als sie dem See wieder entstieg, begann sich in ihrem Leben etwas zu verändern. Sie war von ein paar Leuten beobachtet und angesprochen worden. Die Leute sagten, sie wisse sich anmutig zu bewegen und ob sie nicht zu einer Probeaufnahme bereitstehen könne, es sei ihre Aufgabe, nach künftigen Mannequins Ausschau zu halten. Orietta hatte dann in einem Strandanzug mit Sonnenschirm posieren müssen und dabei das Entzücken ihrer Entdecker ausgelöst. Sie hatte eine Schule besucht, in der man mit Steinen auf dem Kopf einherschreiten, Keulen und Reifen schwingen und lernen musste, fröhlich und zufrieden dreinzuschauen, auch wenn man es nicht war. Ferner hatte sie zeichnen und tanzen gelernt und alles mit gutem Erfolg. So war sie ein manichino – ein Mannequin – geworden. Sie sehe ein, so endete Orietta ihre Rede, dass sie heute auf ihre Umgebung besser wirke als vor drei Jahren.

Aufpass sah an dem Schoenfelder vorbei auf Orietta in Natur und dann auf Orietta auf den Fotos, wo sie nur kleine Bezirke ihres makellosen Körpers unter Tuch verdeckt hielt, und freute sich der angenehmen Klientin herzlich. Orietta widerlegte die platonische Lehre, das Schöne verkörpere sich selbst nie sichtbar. „La Nascita di Venere", zitierte er Michele Altocanto. Ja, so pflege der Vater ihre Wandlung zu umschreiben, sagte die Venus, steckte den Arbeitsvertrag ein, erhob sich vom Stuhle und entschritt mit hinreißender Anmut, nicht ohne zuvor Aufpass gebeten zu haben, die Liquidation nicht an sie, sondern an ihren Vater zu schicken, der sie gerne begleiche.

Der Aufseher aus Backnang

Kurz nach der Jahrhundertwende wurde ein Backnanger zum Aufseher des Schlossgartens in Stuttgart bestellt. Er hatte bei der deutschen Schutztruppe in Südwestafrika Dienst getan und dort in Hitze und Dürre ausgehalten, sich mit widerborstigen Hereros herumgeschlagen und vieles entbehrt. Nun sollte er es leichter bekommen und dafür sorgen, dass im Schlossgarten seiner Majestät, des Königs von Württemberg, nichts vorging, was gegen Anstand, Sitte und die Schlossgartenordnung verstieß, die deutlich sichtbar an vielen Stellen angeschlagen war.

Eifrig begann der ehemalige Südwester seinen Dienst. Er trug eine Uniform mit blank geputzten Messingknöpfen, hohe Stiefel und einen Säbel an der Seite. Die Hände hielt er auf dem Rücken verschränkt und nur manchmal führte er die rechte Hand bedächtig zum Schnurrbart, um ihn zuerst nach rechts und dann nach links zu streichen. So schritt er dahin. Wer ihn sah, spürte, dass hier die Schlossgartenordnung Fleisch geworden war.

Am Nachmittag sah er einen Herrn, der zwei Spitzerhunde mit sich führte, sie aber nicht, wie vorgeschrieben, angeleint hatte, weshalb diese nach Hundeart umhersprangen und dabei auch die Wege verließen. Der Frischling im Aufpasseramte ermahnte den Herrn, die Spitzer an die Leine zu nehmen, wie es die Schlossgartenordnung gebiete, die er – der Herr – doch hoffentlich gelesen habe. Der Herr erwiderte, er kenne die Ordnung wohl, habe aber die Leine versehentlich zu Hause gelassen. Jetzt merkte der Aufseher, dass er schon am ersten Tage seines neuen Dienstes einen Fall von Gewicht zu behandeln hatte. Dann müsse er ihn zur Wache bringen, eröffnete er dem Herrn, worauf dieser lächelnd sagte, dessen bedürfe es nicht, denn er sei der König. Der Aufseher wusste nicht, ob er das Haupt eines Verschwörerkreises oder nur einen Einfältigen vor sich hatte. Er runzelte die Stirn, legte die Hand an den Säbel, um sie von dort bis zum Ende der Geschichte nicht mehr wegzunehmen und meinte mit erhobener Stimme, ob dem Herrn nichts Dümmeres einfalle und er vielleicht annehme, ein Aufseher des Schlossgartens sei ohne Verstand und glaube solchen Unsinn. Er hieß ihn, vor ihm den Weg zur nächsten Wache nehmen. Dass sie auf dem Gange dorthin vom lustwandelnden Publikum respektvoll gegrüßt wurden, fiel dem Hererobezwinger zwar auf, er schob es aber auf die Achtung der Leute vor der Obrigkeit, die er verkörperte, kurz, er bezog die Ehrbezeigungen auf sich.

Wie er sich mit seinem Gefangenen dem Wachgebäude näherte und der Wachhabende die Wache herausrief und die Gewehre präsentieren ließ, kamen dem Ordnungshüter von der Murr aber doch Bedenken, ob er auch dieses Zeremoniell sich zurechnen dürfe und seine Sicherheit schwand. Wie er dann noch hören musste, dass der von ihm Abgeführte mit Majestät angeredet wurde und schließlich kein Zweifel mehr war, dass er seinen obersten Dienstherrn verhaftet hatte, da wünschte sich der Backnanger tief ins Hereroland und in die Kalahari zurück, und es wurde ihm in seinem Amtskleide so warm, wie es ihm dort nie gewesen war, und das wollte etwas heißen, wie jeder weiß, der die afrikanische Sonne kennt.

Die Majestät war eine gütige Majestät. Sie maßregelte den Eifrigen nicht, sondern gab ihm großmütig eine Goldmünze, weil er Festigkeit gezeigt habe.

Der Polizist verwahrte die Münze als einen Schatz. So kam sie auf seine Kinder und Kindeskinder und wird von diesen noch heute gezeigt.

Das verschmähte Wildberg bei Calw

Unter den Städten im alten Württemberg war Wildberg an der Nagold bei Calw besonderer Ortsneckerei ausgesetzt. An Gestalt und Geist seiner Bewohner – so sagte man – gäbe es viel zu verzeihen, sie seien von jähem Blute, ungebärdig und von weitem Gewissen, kurz: sie seien ein schwer im Griff zu haltender Menschenschlag, eine stete Gefahr für alle Rechtschaffenen im Ländle. Der ganze Spott, der über die Stadt und ihre Bürger ausgegossen wurde, kommt besonders in einer Geschichte zum Ausdruck, die zu Ende des letzten Jahrhunderts in den schwäbischen Wirtsstuben kursierte.

Als im deutsch-französischen Kriege von 1870/71 die Deutschen das Zweite Kaiserreich geworfen und Kaiser Napoleon bei Sedan gefangen hatten, blieb den Franzosen nichts übrig, als mit den Siegern über einen Frieden zu verhandeln. Jules Favre, Außenminister und stellvertretender Präsident der provisorischen Regierung Frankreichs, traf in Ferrières mit Bismarck zusammen. Gekrümmt, zerknittert, mager und untröstlich begann Favre sich vorzutasten. „Der Friede wäre Frankreich eine größere Geldentschädigung wert!" Bismarck, in der Uniform der weißen Kürassiere, breitschulterig, mit gewölbter Brust, strotzend vor Gesundheit und Kraft, ließ sofort die Katze aus dem Sack: „Straßburg ist der Schlüssel zu unserem Hause, wir wollen das Elsass und Deutsch-Lothringen!" Favre, der ehemalige Advokat, zuckte zusammen. „Mein Vaterland kann solche Schmach nicht ertragen," stöhnte er auf, „es wird um seiner Ehre willen weiterkämpfen!" „Reden Sie nicht von Widerstand," herrschte ihn Bismarck an, „er nützt nichts, die Forderung bleibt: Elsass und Lothringen!" Ob dies ein letztes Wort sei, fragte Favre. „Ein letztes", versetzte Bismarck. Favre ließ nicht locker. Ob es nicht doch Linderung gebe, einen Weg, das Elsass, wenigstens dieses, Frankreich zu belassen? Bismarck möge den Großmut haben, darüber wohlwollend nachzusinnen. Die Tränen des Franzosen blieben nicht ohne Eindruck auf den Kanzler. Seine Attitüde änderte sich, er schien nahbarer und milder zu werden. „Doch", ließ er nach einer Weile vernehmen, „doch, es sei da eine Möglichkeit, genauer: eine Bedingung, die, falls Frankreich sie zu erfüllen bereit sei, die Deutschen willens machen könne, die Hand vom Elsass und auch von Lothringen zu lassen." Wie die Bedingung laute, begehrte Jules Favre zu wissen, die flatternde Unruhe nur mühsam verbergend. Elsass-Lothringen bleibe Frankreich, wenn dieses sich überwinde, Wildberg dazuzunehmen, Wildberg an der Nagold bei Calw! Die Flamme der Hoffnung, die sich in Favre geregt hatte, erlosch so plötzlich, wie sie entbrannt war, er sackte entfärbt in sich zusammen und sah noch grauer und zerfurchter aus als zuvor. Schwer schüttelte er den Kopf. „Mon Dieu, der Preis ist zu hoch," sagte er tonlos, „unannehmbar, meine Mission ist gescheitert, ich sehe, Frankreich muss sich schicken und den Verlust seiner Ostgebiete hinnehmen, die Laus Wildberg kann es sich nicht in den Pelz setzen, niemals, jamais!"

So kam es, dass Wildberg nicht an Frankreich fiel, Elsass-Lothringen im Frieden von Frankfurt aber an das Deutsche Reich.

Die Auszeichnung

Im Ersten Weltkrieg hatte sich ein Soldat aus Sindelfingen besonders hervorgetan und die Aufmerksamkeit seiner Vorgesetzten gefunden. Es soll weder ausgebreitet werden, welcher Tat er zu rühmen war noch wo er diese vollbracht hatte, es möge genügen zu erfahren, dass er an einem vorderen Frontabschnitt große Tapferkeit gezeigt und dabei eine Verwundung erlitten hatte. Er war ins Feldlazarett geschafft worden, wo er sich anstrengte zu genesen, umhuscht von Karbolmäusen, wie die Krankenschwestern damals genannt wurden. Eines Tages hieß es, sein General sei gekommen, um nach ihm zu sehen und ihm zu danken und noch ehe sich der Sindelfinger recht besonnen hatte, stand der hohe Herr mit seinem Gefolge vor seinem Bett und richtete das Wort an ihn. Er habe – so hub der General an – von dem Heldenstück des Soldaten vernommen, das für das Regiment und die Division von hoher Bedeutung gewesen sei, habe es doch dazu beigeholfen, das Schlachtenglück, das sich schon der andern Seite zugeneigt habe, zurückzurufen. Er – der General – sei stolz, über solche Männer, wie der Soldat einer sei, gebieten zu können und habe es sich nicht nehmen lassen, selbst zu kommen und ihm den Dank des Vaterlandes, des Kaisers, des Königs und der Kameraden zu bringen. So ungefähr redete der General, um dann den Soldaten, der die Rede gelassen ertragen hatte, scherzend zu fragen, was ihm als sichtbarer Ausdruck der Anerkennung jetzt angenehmer sei, hundert Goldmark oder das Eiserne Kreuz. Hatte der General je gehofft, der Kriegsmann werde prompt antworten, er begehre natürlich das Kreuz, so sah er sich getäuscht, denn der Soldat schwieg und es war ihm anzusehen, dass er seine Gedanken bewegte. Wie in jedem Schwaben, so steckte auch in dem Feldgrauen aus Sindelfingen eine tief eingewurzelte Abneigung gegen Übereilung und vorbehaltlose Entscheidung, weil diese der schwäbischen Liebe zur Vorsicht, die nichts mit Feigheit zu tun hat, zuwiderlaufen. Den Kenner schwäbischen Wesens überrascht es daher nicht, dass sich der Soldat fürs erste einer Antwort entschlug und seinerseits eine Frage wagte, deren Beantwortung ihm die Wahl erleichtern sollte. Was denn das Kreuz wert sei, wollte er von seinem General wissen. Nun, meinte dieser, die Brauen hochziehend und offensichtlich auf eine solche Frage nicht gefasst, die Material- und Herstellungskosten seien gering, sie lägen vielleicht bei zwei Goldmark. Unser verwundeter Grenadier verfiel zum anderen Mal ins Sinnen. Dann verkündete er seine Entscheidung, in der schwäbische Eigenart, jene seltsame Mischung aus Enge und Weite, aus Biederkeit und Schläue, und jene Fähigkeit, Widersprüchliches zum eigenen Besten aufzulösen, in knapper Wendung deutlich wird: „Herr General, gebet Se mer 's Kreuz ond achteneinzig Mark!"

Mit dieser Antwort hatte sich der Sindelfinger beides verdient, Geld und Orden, Wohlstand und Ehre und er hat auch beides erhalten, wie der General versicherte, von dem die Geschichte auf uns gekommen ist.

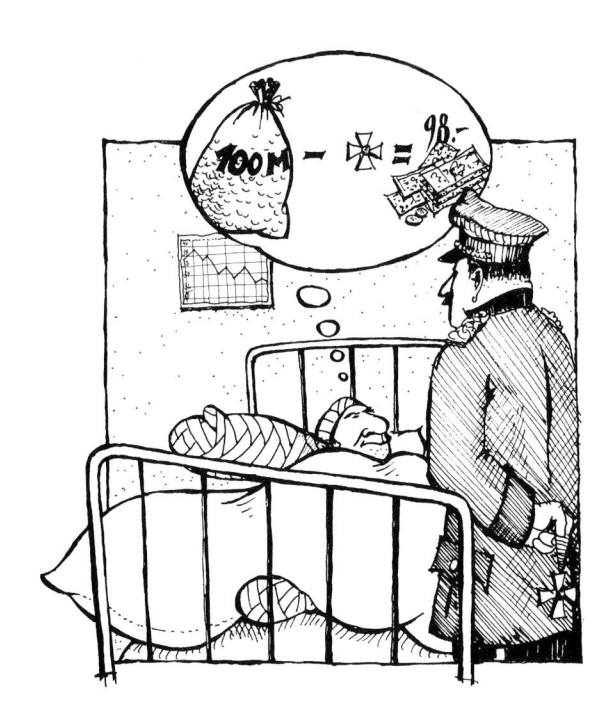

Daniel

Die Geschichte spielte vor Jahren in einem schwäbischen Dorf, unter dessen Menschen es, wie überall, solche und solche gab. So lebte in dem Dorfe auch Daniel, der vielen, vor allem dem Pfarrer, Kummer machte. Er führte einen Wandel, wie man ihn nicht führen sollte, ging keiner geregelten Arbeit nach, schaffte nichts, was im Schwäbischen gesellschaftliche Ächtung zur Folge hat, saß am helllichten Tag nichts tuend vor seinem kleinen heruntergekommenen Haus, das er, wer weiß von wem, geerbt hatte und entfaltete erst am Abend Leben. Dann zog er durch die Wirtshäuser des Dorfes und der Umgebung, führte Reden über Gott und die Welt, schleuderte schöne Gedanken und Entwürfe zur Verbesserung der herrschenden Zustände aus sich heraus, denn Daniel war nicht dumm, und kehrte erst nach Mitternacht meist bezecht, in seine vier Wände zurück. Er lärmte durch die Gassen, und mehr als einmal hatten ihm deshalb erboste Bürger harte Worte und anderes nachgeworfen. Von der Kirche hielt Daniel nichts, womit er sich noch mehr ins Abseits stellte, denn Kirchenfrömmigkeit gehörte im Dorfe zur Ordnung, gegen die man nicht verstieß.

Der Pfarrer bemühte sich, den getauften Daniel in den Schoß der Kirche und damit auf den rechten Weg zurückzuholen, er redete auf ihn ein, wies ihn auf die Wichtigkeit des Gottesdienstes und die Vorzüge rechtschaffener Lebensführung hin, aber, so musste sich der Pfarrer eingestehen, seine Bemühungen um das verlorene Schaf waren ohne Erfolg. Daniel verweigerte sich dem Heile.

Einmal hatte es einen Moment lang den Anschein, als sei die Bekehrung Daniels nicht mehr fern. Das war so. Über dem Dorfe lag die Nacht. Jedermann schlief, nur Daniel nicht. Er kehrte aus einem Nachbarort zurück, wo er, wie gewohnt, in einer Wirtsstube dem Wein zugesprochen hatte. Er redete laut vor sich hin. Am Eingang des Dorfes verharrte er. Dann ging er nicht in Richtung seines Hauses, sondern er bog nach links ab, dorthin, wo das Pfarrhaus stand. Als er es erreicht hatte, zog er die Klingel, während es vom nahen Kirchturm die zweite Stunde schlug. Der Pfarrer sah im Nachtgewand aus dem Fenster, erkannte im Mondschein Daniel und fragte mit schlafheiserer Stimme:

„Was willst denn du, Daniel?"

` „Herr Pfarrer," erwiderte Daniel mit vom Wein betäubter Zunge, „ich muss mit ihnen sprechen."

„Daniel, du bist nicht nüchtern."

„Ich bin vor allem verzweifelt."

„Weswegen denn?"

„Wegen der Spaltungen der Kirche. Katholisch, evangelisch, methodistisch, apostolisch, koptisch, syrisch, adventistisch, baptistisch. Es ist furchtbar, ich ertrag's nicht."

„Es ist gut, wenn dich das bekümmert", sagte der Pfarrer, „aber darüber können wir doch jetzt nicht reden, mitten in der Nacht, komm morgen und wenn du nüchtern bist."

Daniel schwankte leicht. „Herr Pfarrer, ich kenne mich. Wenn ich nüchtern bin, also, wenn ich nüchtern bin, Herr Pfarrer, dann sind mir die Spaltungen der Kirche egal."

Sprach's, verschwand in der Nacht und ließ den Pfarrer, der schon die Vorboten einer Umkehr Daniels bemerkt zu haben glaubte, enttäuscht zurück.

Nach dieser Begegnung resignierte der Pfarrer und überließ es seinem Nachfolger im Amte, Daniel für die Christenheit zurückzugewinnen. Ob es ihm geglückt ist, ist nicht überliefert.

Vergeblicher Husarenritt

Als König Friedrich von Württemberg, der stattliche Herr, der vier Zentner gewogen haben soll, einmal auf Schloß Solitude weilte, sah er sich plötzlich gezwungen, einem natürlichen Bedürfnis nachzugeben. Kammerherr und Lakai eilten, dem König mit einem Stuhle dienlich zu sein, wie er damals für solche Zwecke gehalten wurde, allein es zeigte sich, dass es im Lustschlosse keinen gab, der des Königs Leibesfülle hätte aufnehmen können. Die Lage war schwierig. Friedrich, der am ehesten zu beurteilen vermochte, welche Frist zur Beschaffung eines Stuhles blieb, befahl einem Husar auf der von seinem Oheim Carl Eugen angelegten schnurgeraden Straße ins Schloss nach Ludwigsburg zu reiten, von dort mit dem nötigen Möbel zurückzukehren und ja alles im gestreckten Galopp zu besorgen. Der durch den Auftrag Ausgezeichnete salutierte, schwang sich aufs Pferd und sprengte davon, verfolgt von den Blicken der unruhig auf- und abgehenden Majestät. Der Husar erreichte auf schaumbedecktem Ross das Ludwigsburger Schloss, erhielt das gewünschte in der richtigen Passform und jagte auf frischem Pferd zurück. Er beförderte das von seinem König ersehnte Gerät dergestalt, dass die Stuhlbeine zum Himmel ragten und die eine Armlehne auf seiner linken Schulter ruhte. Seine Rechte, die andere Lehne umschließend, hielt den Stuhl in der Balance, die Linke führte den Zügel. So ging's durchs Lange Feld und es ist schwer zu sagen, wer mehr litt, der getriebene Gaul oder der gedrückte Reiter.

Kurz vor dem Ziel waren beider Kräfte erschöpft. Das Pferd fiel in Schritt und der Husar konnte den Stuhl nicht mehr stützen. Er glitt ihm über beide Schultern. Dabei drang sein Kopf durch jene runde Öffnung der Sitzfläche, die dazu bestimmt war, dem darauf barbackig Verweilenden Erleichterung zu ermöglichen und zwar so weit, wie es die dahinter befindliche Porzellanschüssel zuließ und dies war weit. Verstellten Auges langte der Brave auf halblahmer Mähre vor seinem königlichen Auftraggeber an. Hatte dieser bis hierher aus verständlichem Grunde nur sparsames Mienenspiel gezeigt, so geriet er jetzt über den Anblick seines Husaren ins Lachen. Er lachte so heftig und andauernd, dass er dessen ganze Mühe fruchtlos machte oder, anders gesagt, dass das, was zu verhindern der Zweck des Husarenritts gewesen, zum bösen Ende doch nicht zu verhindern war. Während wir uns vom König und seinem Zustand abwenden, wurde sein ermatteter Untertan aus dem fürstlichen Toilettenmöbel geborgen und samt Ross für neue Aufträge verwendungsfähig gemacht.

Rauer Rat

In Mundelsheim, dem rebenumsponnenen Dorf am Neckar, zog vor etlichen fünfzig Jahren ein junger Pfarrer auf. Er war unverehelicht und pflegte daher seine Mittagsmahlzeiten im „Jägerhaus" einzunehmen, einer Gastwirtschaft, die für brave Küche bekannt war. Hier traf er der Welt zugewandte Männer des Volkes, Handwerker und Händler, die sich beim Frühtrunk verspätet hatten und weinselig erklärten, ihm noch etwas Gesellschaft leisten zu wollen. Von ihnen – es waren meist dieselben – erfuhr der junge Pfarrer allerhand Neuigkeiten, wie er sie im Kirchengemeinderat, in den Stunden der Pietisten und anderen frommen Versammlungen nicht zu hören bekam, wie sie aber dennoch für einen, der sein Hirtenamt ernst nahm, nützlich zu wissen waren, denn den Acker des Herrn kann nur bestellen, wer weiß, dass er nicht allein edle Frucht trägt. Auch musste sich der junge Pfarrer eingestehen, dass Art und Weise, mit der diese Männer, allen voran der Schmied von Ottmarsheim, die Schwächen und Vorzüge ihrer Nächsten erkannten, ebenso ihren Reiz hatten wie die derbe Sprache, mit der sie ihre Erfahrungen zu schlichtem Bericht und knappem Urteil kneteten. Er konnte Martin Luther einmal mehr verstehen, der den Leuten aufs Maul zu schauen geheißen hatte. Natürlich musste auch der junge Pfarrer zur Unterhaltung beisteuern, wollte er nicht in den Geruch eines Mannes geraten, der sich etwas Besseres dünkte. Er tat's gern und hielt auch mit seinem größten Geheimnis nicht hinter dem Berg, dass er nämlich eine Braut habe, die er bald heiraten und nach Mundelsheim führen werde. Die Entdeckung brachte dem Bräutigam lauten Beifall ein, vom einen oder anderen auch ein Augenzwinkern, wie es sich freilich einem geistlichen Herrn gegenüber nicht schickte. Der Schmied von Ottmarsheim aber, eine in den Stürmen des Lebens knorrig gewordene Eiche, legte dem jungen Pfarrer seine zerarbeitete Rechte schwer auf den Arm und sagte: „Herr Pfarrer, glei en de erschte zwei Stond uff d'Gosch nuffschlage, sonscht kommet Se net durch!" Der junge Pfarrer war schon Hirte und Seelsorger genug, um nicht aufbrausend die unchristliche Empfehlung und den Maßlosen selbst von sich zu weisen, er erkannte, dass redliche Absicht in grobem Gewand waltete und dass sich hinter dem rauen Rat die Tortur einer kläglichen Ehe und der Selbstvorwurf verbargen, der ehelichen Zerrüttung nicht rechtzeitig durch Unnachgiebigkeit und Dominanzhaltung gesteuert zu haben. Er versprach deshalb dem Schmied, die Empfehlung, wenn auch nicht befolgen, so doch sie im Gedächtnis behalten zu wollen. Dies hat der Pfarrer auch getan, denn es ist verbürgt, dass er später den Ratschlag des Schmieds seiner Frau immer dann erzählte, wenn beider Ansichten einmal allzu weit auseinanderzulaufen drohten. Die Erzählung tat ihre Wirkung und führte zu neuer Eintracht der Pfarrersleute, so dass kühnlich gesagt werden kann, der Ratschlag des Schmieds von Ottmarsheim, wie wohl nicht sonderlich glücklich formuliert, habe des Segens nicht entbehrt.

Mein Sohn Ewald ...

In der Tageszeitung fand ich diese Anzeige:

„Meine Damen! Mein Sohn Ewald, der seinen Wehrdienst abgeleistet hat, und nun wieder in meinem Salon tätig ist, und wir daher wieder in der bekannten Art voll einsatzfähig sind, werden wir Sie gerne in Farbe, Schnitt und modernen Frisuren Ihrem Typ entsprechend bedienen."

Wenn man das liest, kann man nicht still bleiben. Die Mitteilung, mit der da ein Friseur an die Öffentlichkeit tritt, fordert zu einer textkritischen Untersuchung heraus. Betrachten wir die einzelnen Satzteile für sich und dann in ihrer Gesamtheit.

„Mein Sohn Ewald", so beginnt der Inserent stolz. Man spürt, dass er die Schritte seiner Ehefrau während der gesetzlichen Empfängniszeit lückenlos überblickt, sich des Zeugungsgeschehens erinnert und auch bei der Geburt zugegen war. Er ist sich der Vaterschaft sicher. Pater non semper incertus. „Mein Sohn Ewald", das ist ein Introitus, der sich sehen lassen kann. Er macht fürwitzig und neugierig. Was ist mit dem Sohn?

Der Sohn hat den Wehrdienst abgeleistet. Er hat seiner staatsbürgerlichen Pflicht genügt. In der Familie gab's keine Diskussion, Wehrdienstverweigerung ist hier ein Fremdwort. Nichts von Verweichlichung, die man Friseuren gerne nachsagt. Was sein muss, muss sein. Jeder rechte Mann hat einmal die Uniform zu tragen, der alte Haarschneider hat es auch getan. Er war im Kriege, avancierte zum Unteroffizier und wurde bei Molodetschno verwundet. Die Narbe kann vorgewiesen werden. Es braucht nicht viel Auslegungskunst, um dies aus dem Text herauszuhören. Also: „Mein Sohn Ewald, der den Wehrdienst abgeleistet hat."

„Und nun wieder in meinem Salon tätig ist." Der Sohn ist zwar zur Verteidigung der Republik bereit, aber er ist kein Militarist, denn er bleibt nicht bei den Soldaten. Er vertauscht den Karabiner wieder mit den Lockenwicklern, die Handgranate mit der Stangenpomade, die Armeepistole mit dem Fön und kehrt in den Salon zurück, wo ihn vor fünfzehn Monaten der Ruf in die Kaserne erreicht hat, und der keinem Geringeren gehört, als dem Vater, denn der Alte versäumt nicht zu betonen, dass es sein Salon ist, in dem Ewald wirkt. Er stellt damit die Größenverhältnisse heraus.

Wir hören das bisher Behandelte noch einmal am Stück: „Mein Sohn Ewald, der seinen Wehrdienst abgeleistet hat und nun wieder in meinem Salon tätig ist."

Noch ehe der schön angelegte Satz vollendet ist, die Spannung sich löst und der Leser erfährt, was es mit dem

Sohn nun eigentlich auf sich hat, kommt es zur Katastrophe. Der Urheber des Inserats wird von einem Gedanken überrollt, den er sofort aufs Papier wirft. Mit dem Bindewort „und" knüpft er an den vorangestellten Satztorso an. Er wechselt jählings den Satzgegenstand und spricht nicht mehr von Ewald, sondern von „wir". „Und wir daher wieder in der bekannten Art voll einsatzfähig sind." Den Damen, an welche die Adresse gerichtet ist, wird die geballte Potenz zweier Haarkünstler versprochen. Diese sind nicht etwa nur einsatzfähig, sondern voll einsatzfähig und dies auch noch „in der bekannten Art". Was damit gemeint ist, wissen nur die Damen, die schon früher bei Vater und Sohn verkehrten. Allen andern ist es – vorerst – verborgen.

Wir sind noch nicht am Ende. Wieder hat der Alt-Figaro einen Einfall. Er setzt einen Beistrich und fährt fort: „Werden wir Sie gerne in Farbe, Schnitt und modernen Frisuren Ihrem Typ entsprechend bedienen." Eine interessante Ankündigung. Der Alte und der Junge wollen die Damen entsprechend ihrem Typ versorgen, also die breithüftigen anders als die schlanken, die zutraulichen anders als die spröden, die dunklen anders als die blonden, je nach ihrem Wunsch und Bedürfnis. Darum ist man versucht, an ein Etablissement des Lasters zu denken, wozu auch der Hinweis beiträgt, Vater und Sohn bedienten „in Farbe und modernen Frisuren", also mit eigens zur Dienstleistung aufgelegter Schminke und zugerichteter Haartracht, Lustknaben in einem altrömischen Lupanar vergleichbar. Aber da liegt man falsch. Der brave Friseur will nur sagen, sein Sohn und er verpassten jeder Dame die moderne Frisur, die Haarfarbe und den Haarschnitt, die ihr am besten stehen. Dass er es nicht so herausbringt, beruht darauf, dass er unsere Muttersprache nicht beherrscht, was wir schon einige Zeit ahnen. Freilich sei ihm mildernd zugutegehalten, dass in Handel und Gewerbe häufig die Worte „in" und „mit" verwechselt werden. So ist zu hören, einer handle „in Damenwäsche", womit damit nicht ausgedrückt sein soll, er habe solche angelegt und gehe darin seinen Geschäften nach, vielmehr nur, er handle mit Damenwäsche, aber diese schlechte Sprachgewohnheit entschuldigt den werbenden Friseurmeister nicht. Als Träger des Meistertitels muss er wissen, dass es eine schlechte Gewohnheit ist.

Überziehen wir die Kritik nicht und betrachten wir die Satzteile in ihrer Gänze, so ist zu resümieren, dass das Inserat manches über den Zustand unseres Gemeinwesens verrät. Es gestattet einen Blick in ein Haarstudio unserer Tage. Vater und Sohn sind rechtschaffene und zur Verteidigung unserer freiheitlichen Grundordnung bereite Coiffeure, die sich – keineswegs effeminiert – aufs einträgliche Damengeschäft verlegt haben. Dem Vater gehört der Salon, den Ewald einmal übernehmen soll. Es gibt keinen Anlass, am handwerklichen Können der beiden zu zweifeln, sie sind im Damenhaar zu Hause, aber man muss sehr hoffen, dass sie ihren Kundinnen nicht jene Gewalt antun, die der Ältere der beiden mit seiner Werbeanzeige der deutschen Sprache und ihrer Syntax angetan hat, auch wenn die Werbeanzeige substantiell alles enthält, was es ihren Verfasser zu sagen drängte.

Bleibt noch, an die Verantwortlichen, insbesondere den Lehrstand zu appellieren, darauf zu achten, dass angehende Handwerkstreibende, vornehmlich Haarpfleger und

Keralogen, nachhaltig darin unterwiesen werden, wie ein Inserat verfasst wird. Dazu ist es nötig, zuerst einmal zu überlegen, was man sagen will, dann die Gedanken in die richtige Reihenfolge zu bringen, dann sie niederzuschreiben und hernach das Werk noch einmal durchzulesen oder es durchlesen zu lassen. Wird das gelehrt, von den Handwerkstreibenden begriffen und von ihnen befolgt, so wird es für eine Betrachtung wie diese künftig keine Ursache mehr geben.

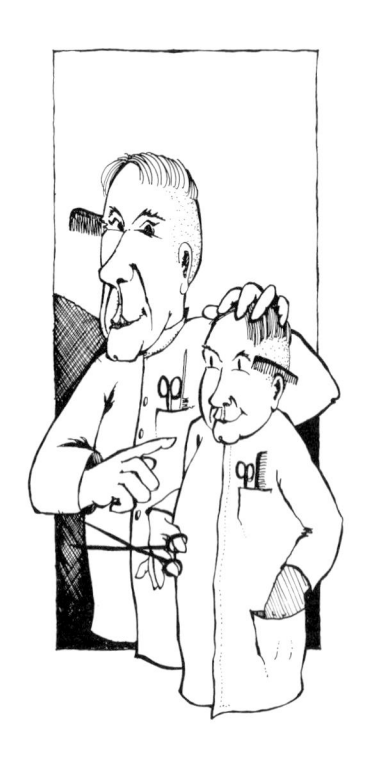

Der Maulwurf und sein Henker

Der Unternehmer Kieshaber besaß außer einer Fabrik auch einen Garten, in dem er in seiner Freizeit gerne arbeitete. Beim Jäten, Harken, Schneiden von Pflanzen und ähnlicher Beschäftigung fühlte er sich von der Last des Fabrikherrn befreit und holte sich Kraft für kommende Tage. Er sog den Geruch der Erde ein, den Duft des Laubes und der Blumen, erfreute sich der Knospen, Blüten und Früchte und pries bei sich die gute Ordnung der Natur. Aber der Störfall blieb nicht aus.

Eines Tages bemerkte Kieshaber in der Rasenfläche vor dem Staudenbeet zwei jener Hügel, wie sie die Anwesenheit eines Maulwurfs – talpa europaea Linnaeus – verraten. Es zeigte sich, dass Kieshaber nicht leicht aus der Fassung zu bringen war. Ohne Klage trug er den Abraum ab, verstopfte die Ausstiegsschächte und besserte die zerwühlten Stellen mit Grassoden aus, aber schon am nächsten Tage hatte der unfreundliche Grabenarbeiter vier neue Hügel aufgetürmt. Wieder beseitigte Kieshaber den Schaden, jetzt aber schon mit deutlichem Unmut, und nach vollbrachter

Reparatur schlug er mit dem flachen Spaten an verschiedenen Stellen seines Gartens gegen den Boden, um dem Chaoten unter Tage zu bedeuten, dass seine Arbeit hier oben nicht verstanden werde. Aber dem Maulwurf war dies egal und wenig später konnte Kieshaber gleich acht frische Tumuli in seinem Garten zählen. Kieshaber geriet in eine Stimmung, wie er sie nur aus Verhandlungen mit der Gewerkschaft kannte, und beim Abendessen erzählte er der Familie, was er mit dem Maulwurf alles machen werde, wenn er ihn erst einmal eingefangen habe. Der Familie rannen Schauer über den Rücken. Dann fand Kieshaber zu nüchterner Betrachtung des Tatbestands zurück und überlegte, was zu tun sei. Er sah eine Parallele zwischen dem Maulwurf und der neunköpfigen Hydra, die einst im Sumpfe von Lerna bei Argos hauste und der für jeden abgeschlagenen Kopf zwei neue nachwuchsen, bis sie von Herakles durch Ausbrennen der Kopfstümpfe getötet wurde. Feuer und Rauch waren die Waffen, die wohl auch hier eingesetzt werden mussten. Kieshaber besorgte Rauchkerzen, um dem Vandalen im schwarzen Pelz zu Leibe zu rücken und seine Gänge und Kammern ungastlich zu machen. Er tat es trotz seines Ärgers nicht blindwütig, denn er war – wie wir wissen – Naturfreund und an der Erhaltung der Arten, auch an der des Maulwurfs, interessiert, aber sein Interesse am Fortleben der in seinem Garten umgehenden Bestie war erloschen, sie hatte zu sterben.

Es dampfte im Garten an vielen Stellen nicht schlecht aus dem Boden, als Kieshaber die zur Vertreibung des Maulwurfs entwickelten Brandsätze in den von jenem aufgeschaufelten Erdwerken gezündet hatte. Kieshaber begab sich befriedigt zu Bett. Am Morgen galt sein erster Blick dem Garten. Er ergab, dass der Grabenkämpfer aufgegeben hatte. Alles war unversehrt, kein neuer Hügel weit und breit. Leichten Herzens fuhr Kieshaber in die Fabrik und begegnete jedermann mit ausgesuchter Freundlichkeit. Wie er am Abend mit gewohntem Behagen über seinen Garten hinsah, traute er aber seinen Augen nicht. Einen halben Steinwurf entfernt von ihm bewegte sich die Erde, und er wurde Zeuge der Geburt eines Maulwurfshügels, in dessen Zentrum sich der schwarze Verbrecher zwar kurz, aber mit großer Frechheit zeigte. Kieshaber griff zu einer dreizinkigen Heugabel, hastete zu dem Hügel und stach die Gabel blitzschnell mehrfach in die lockere Erde. Dem Überraschungsangriff war kein Erfolg beschieden. Es gelang nicht, den Unhold aufzuspießen und Kieshaber brach den Feldzug ab. Er stieß die Gabel ein letztes Mal in den Grund, ließ sie, deren Stil leicht federte, zurück und ging ins Haus. Er war voller Galle und entschlossen, den Hersteller der Rauchpatronen zu verklagen, denn solche Schwindelware durfte nicht länger feilgehalten werden, auch redete er für den Rest des Abends nur sehr wenig mit seiner Familie, obwohl diese weder für die Unarten des Tunnelarbeiters noch für die Untauglichkeit der Rauchbomben noch für den fehlgeschlagenen Sturmangriff des Familienchefs etwas konnte.

In der Nacht sah Kieshaber in wilden Traumbildern den Maulwurf mit vielen Artgenossen den Garten durchpflügen, auf den Maulwurfsbergen Tänze aufführen und ihm höhnisch zuwinken. Als der Morgen kam, wusste er, dass er eine schlechte Nacht verbracht hatte.

Da hörte er seinen Sohn rufen, er solle rasch aufstehen und kommen, denn der Maulwurf sei festgenommen.

„Was ist?" fuhr Kieshaber auf, der glaubte, sein Gehör habe ihn genarrt. Doch der Sohn wiederholte, der Maulwurf sei sistiert. Kieshaber stürzte in den Garten hinab und sah den Gartenschänder von einer Zinke der Gabel fixiert inmitten des von ihm selbst geschaffenen Hügels. Die Zinke hatte den Kerl nur am äußersten Rand seines Pelzes erwischt, ohne ihn ernsthaft zu verletzen, aber doch so, dass er nicht loskommen und nur die ihn bedeckende Erde wegstrampeln konnte. Er war gefangen. Der letzte Akt der Gabeloffensive am Vorabend hatte Erfolg gehabt, freilich einen, der Kieshaber entgangen war.

Wer annimmt, Kieshaber habe jetzt dem Störenfried, der seinen Rasen verwüstet und ihm den Schlaf geraubt hatte, und der jetzt hilflos in Demutshaltung vor ihm zappelte, das angetan, was er noch vor kurzem im Familienkreise ihm anzutun sich vermessen hatte, irrt. Kieshabers Stimmung wandelte sich, sein Zorn verrauchte und nicht ohne Teilnahme betrachtete er den dunklen Sohn der Erde, dem Fleiß und Beharrlichkeit – Tugenden, die Kieshaber durchaus schätzte – nicht abzusprechen waren. Er beugte sich zu ihm hinab, fuhr ihm sogar mit dem Finger über das Fell und – vergab ihm. Er ratschlagte mit seinem Sohn, was zu geschehen habe, holte dann zusammen mit diesem eine Kiste, packte den Schelm hinein und fuhr ihn hinaus aufs Feld. Dort ließ er ihn frei und kehrte mit der Überzeugung in sein Heim zurück, nicht nur einen Feind besiegt und im Siege Großmut gezeigt, sondern auch einen Beitrag zur Erhaltung der heimischen Fauna im Allgemeinen und der des Maulwurfs im Besonderen geleistet, ja sich bei diesem Störfall überhaupt wie ein guter Mensch verhalten zu haben, nämlich so, dass, um Immanuel Kant zu bemühen, die Maxime seines Willens zugleich als Prinzip einer allgemeinen Gesetzgebung gelten konnte. Und diese Überzeugung stärkte Kieshaber.

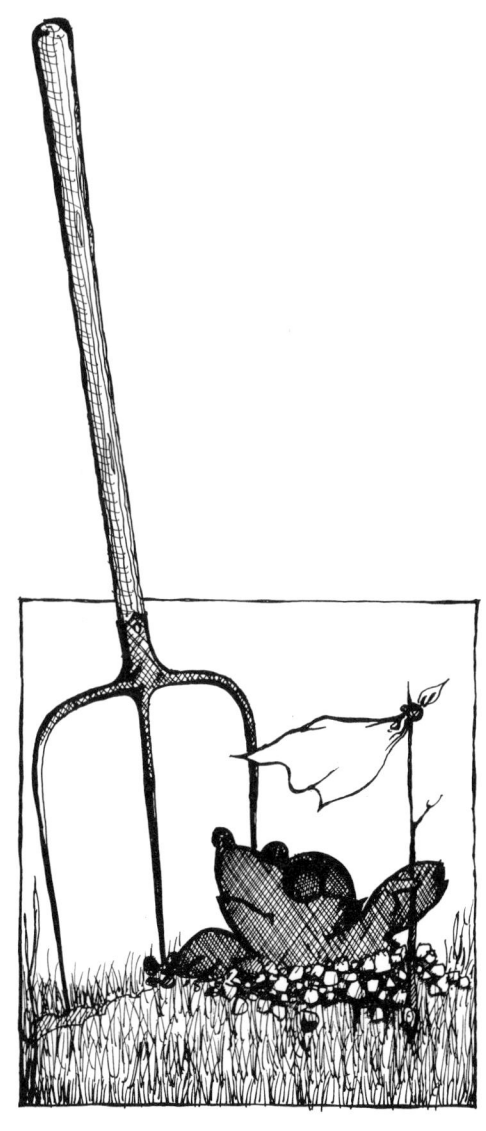

Das neue Landeslied

Am 5. Oktober 1986, ziemlich genau 200 Jahre nach dem Geburtstag Justinus Kerners, des Schöpfers der württembergischen Nationalhymne „Preisend mit viel schönen Reden", endete die von der Stuttgarter Landesschau-Redaktion des Süddeutschen Rundfunks und des Südwestfunks durchgeführte „Suchaktion" nach einem Landeslied für Baden-Württemberg. Von den 450 Einsendungen erhielt die Palme das Werk eines jungen Mannes aus dem Herzen des Schwabenlandes, der anschließend vom Landtagspräsidenten geehrt wurde.

Wir stellen das Lied im Wortlaut vor, wobei wir nach der Tagespresse zitieren:

> Baden-Württemberg ist unser Land,
> in dem wir gerne leben.
> Vom Main zum Rhein zum Bodensee
> Die Grenzen uns umgeben.
> Die Bad'ner und die Schwaben
> Friedlich vereint sich haben.
> Gemeinsam stolz auf dieses Land,
> Baden-Württemberg unser Heimatland.

> In vielen Liedern besingen wir
> Regionen unseres Landes.
> Barock, Geschichte und Kultur
> Gibt unser'm Lande Glanze.
> Alb, Schwarzwald und der Odenwald,
> Franken und Hohenloher Land,
> Gemeinsam stolz auf dieses Land,
> Baden-Württemberg unser Heimatland.
>
> Große Worte sind geschrieben hier
> Von Uhland, Mörike, Schiller.
> Geist und Freiheit sind zu finden hier,
> dies Werte sind für immer
> In Frieden woll'n wir leben.
> Mit Glück und Gottes Segen.
> Gemeinsam stolz auf dieses Land,
> Baden-Württemberg unser Heimatland.

Das Lied ist eine Katastrophe. Wir reden nicht von der Vertonung, sondern allein und ausschließlich vom Text, der – wie gesehen – in drei Strophen zu je acht Versen zerfällt, wobei die beiden letzten Verse in jeder Strophe wiederkehren. Eine Beschäftigung mit dem Text lässt erkennen, dass es der Plan des Poeten war, den Versen jeder Strophe die Reimordnung ab cb dd ee zu geben. Dem siegreichen Dichter ist es nur in der ersten Strophe gelungen, seinen Plan zu verwirklichen, dann verließ ihn die Kraft. Schon in den beiden letzten Versen der ersten Strophe – dem Kehrreim – reimt er „Land" auf „Land", worin sich das Debakel ankündigt, das dann in den folgenden Strophen eintritt und im Chaos endet. Hier reimt der Champion „Glanze" auf „Landes", „immer" auf „Schiller" und „Segen" auf „leben", kurz, er reimt nicht etwa nur unrein, sondern er reimt überhaupt nicht mehr. Hinzu treten schwere Sünden wider die deutsche Syntax, so mit der Satzstellung: „Geist und Freiheit sind zu finden hier, dies Werte sind für immer". Man ahnt, was gemeint ist, entdeckt aber zugleich, dass der Preisträger in dem Irrtum lebt, das Reimen erlaube jeden Verstoß gegen die Sprachgesetze.

Das Verspaar „vom Main zum Rhein zum Bodensee die Grenzen uns umgeben", lässt Wünsche offen. Abgesehen von der verunglückten sprachlichen Wendung, die den Eindruck erweckt, die Baden-Württemberger wären gewissermaßen eingesperrt und in der Gefahr, von Norden, Westen und Süden erdrückt zu werden, hat Baden-Württemberg auch eine Ostgrenze, die – das sei der schwäbischen Nachtigall zugegeben – nicht leicht zu beschreiben ist, schon gar nicht in Reimen. Aber es hat den Künstler ja niemand gezwungen, es zu tun. Dass er die Ostgrenze Baden-Württembergs bewusst verschweigt, etwa um ein politisches Begehren anzudeuten, darf ausgeschlossen werden.

Geradezu grausam ist es, wenn der Liedermacher erklärt: „Barock, Geschichte und Kultur gibt unser'm Lande Glanze". Ein Elementarschüler der vierten Klasse, der in einem Aufsatz einen solchen Satz schreibt, erreicht das Klassenziel nicht. Er weiß, dass es hier „geben" statt „gibt" heißen müsste und dass man hier auch nicht „Glanze" sagen kann. Im Akkusativ oder Wenfall verträgt der Glanz kein Schluss-E, ein solches kommt nur im Dativ oder Wemfall zum Vorschein, so wenn man beispielsweise sagt:

„Im Glanze des Festes". Richtig müsste der furchtlose Barde also singen: „Barock, Geschichte und Kultur geben unserem Lande Glanz". Dass er damit metrisch, also mit dem Versmaß, nicht hinkäme, ist eine andere Sache, die nur deutlich macht, dass die Handhabung der gebundenen Sprache ihre Schwierigkeiten hat. Die Zusammenstellung der drei glanzerzeugenden Begriffe „Barock, Geschichte und Kultur" ist ein zusätzliches Ärgernis. Der Dichter macht seinem Publikum vor, Barock habe nichts mit Geschichte und Kultur, Geschichte nichts mit Kultur und Barock und Kultur nichts mit Barock und Geschichte zu tun. Er versteht die drei Begriffe als selbstständige Kategorien und „logische Reihe", womit er – vulgär gesagt – neben der Kappe marschiert.

Der Verseschmied nennt in seinem „Landeslied" als Repräsentanten südwestdeutschen Geistes Uhland, Mörike und Schiller, also nur Württemberger und keine Badener. Er dichtet wörtlich: „Große Worte sind geschrieben hier von Uhland, Mörike, Schiller". Das ist nicht gerade geschickt, wenn man dabei ist, das Band einer gemeinsamen Hymne um Badener und Württemberger zu schlingen, denn leicht kann da bei den Badenern Verstimmung auftreten, weil sie ihre Landsleute in dem Preislied vergeblich suchen. Oder will der Hymniker mit dem Lorbeerkranz ausdrücken, in Baden habe niemand „große Worte geschrieben". Das wäre noch schlimmer.

An zentraler Stelle seiner Schöpfung stellt der Poeta Suevicus heraus: „In vielen Liedern besingen wir Regionen unseres Landes". Breitet man über die unlyrische, der Verwaltungssprache zuzuordnende, wenn auch im Lateinischen wurzelnde Vokabel „Region", die in einem Lobgesang auf das Land Baden-Württemberg nichts zu suchen hat, den Mantel der Barmherzigkeit und spendet man der Feststellung im Übrigen Beifall, so fragt man sich, warum der Landesliederzeuger es nicht bei dem vorhandenen Liedgut belassen, und warum er gemeint hat, es um ein weiteres Lied anreichern zu müssen, noch dazuhin um ein solches, das niemand vermisst hat. Alles lässt sich doch nicht mit der Herausforderung eines Wettbewerbs entschuldigen, und sei er auch vom Süddeutschen Rundfunk und Südwestfunk ausgeschrieben. Es ist unbegreiflich.

Noch unbegreiflicher ist freilich, dass ein solches Lied prämiiert werden konnte, von Zuhörern des Rundfunks, einer Jury von klugen und gescheiten Frauen und Männern (oder vielleicht doch nicht) und dem Landtagspräsidenten. Das Lied ist eine Kränkung der Muse der hymnischen Dichtkunst. Aber geschehen ist geschehen. Es ist zu hoffen, dass der Text des Liedes nicht gesungen wird und samt dem Urteil des Preisgerichts als Kuriosum in die Landesgeschichte eingeht, was ja auch schon etwas wäre.

Rassehunde

Kürzlich besuchte ich eine Rassehundeausstellung. Da bellte, winselte, jaulte und hechelte es aus den Boxen und Laufgehegen. Da knurrte, geiferte, scharrte und kratzte es. Da fletschten Jagdhunde die Zähne, hüpften Rehpinscher, da trutzten Rottweiler und Doggen. Aber das war es nicht, was den Reiz der Ausstellung ausmachte, es war dies vielmehr der Mensch oder, genauer gesagt, das Erlebnis der Assimilation von Tier und Mensch, von Hund und Herrn, von Zuchtgut und Züchter.

Schon am Eingang fiel mir eine Dame auf, zerbrechlich wie chinesisches Porzellan, mit einer Schleife im Haar. Was tat sie? Sie produzierte Yorkshire-Terriers und ließ sich aus der Schar ihrer zarten, freundlichen und ebenfalls Maschen im lohfarbenen Kopfhaar tragenden Hundchen nur bei scharfem Hinsehen ausgrenzen. War ich einem Gesetz auf der Spur?

Ich ging weiter und versuchte, die Aussteller ihren Tieren zuzuordnen. Es gelang ohne Anstrengung. Der spitzige Herr, der einem Sanatorium für Schwindsüchtige entkommen sein könnte, wartete auf einen Aufkäufer seiner windschlüpfrigen Windspiele. Der Schwerleibige, mit Tränensäcken unter den Augen, der breitbeinig in faltiger Hose daherschob, als gehe er auf zwei einen halben Meter voneinander verlegten Planken, eine wahre Kraftmaschine, war Besitzer von Bulldoggen, die er an einem Pfahl angebunden hielt, und die dastanden wie Schemel. Das Weib mit Legwarmers, gehäkelter Jacke, dünnem, Schenkel und Gesäß scharf modellierendem Rock und wollenem Stirnband ums löwenmähnige Haupt, bot Pudel aus. Sie musste achtgeben, dass nicht sie anstelle ihrer Hunde prämiiert wurde. An einer Box stand ein Mann, der den gleichen Bart trug wie seine schwarzen Riesenschnauzer. Es sah aus, als habe sich Friedrich Nietzsche multipliziert. So ging es fort.

Ich formte einen Merksatz: Durch intensiven Kontakt mit dem Rassehund nimmt der Mensch allmählich dessen Habitus, Ausdruck und Physiognomie an. Der Hund übt Assimilationsdruck aus, zwingt seinen Herrn, sich ihm anzugleichen, der Hund prägt den, der ihn zu beherrschen versucht, der Schwache formt den Starken, der Gebändigte den Bändiger.

Bei dem Phänomen handelt es sich vielleicht um eine Rückwirkung der Domestikation. Dabei haben keinesfalls alle Hunde gleiche Prägekraft. Sie ist bei den einzelnen Rassen unterschiedlich. Nach meinen Erkenntnissen prägt am stärksten der Boxer. An einem Ausstellungsstand las ich, dass der Züchter seit über dreißig Jahren Boxer züchtet. Der Mann bewies, was ich sage. Schon aus mittlerer Entfernung war nicht mehr zu erkennen, ob er oder einer seiner Boxer über die Abschrankung sah, so sehr hatte er sich seinen vierbeinigen Lieblingen angeglichen. Es ist dies ein exemplarischer Fall, und nicht jeder Boxerfreund verliert seine äußere Identität so völlig, wie jener Hundenarr, aber etwas verliert er sie allemal. Wer lange mit einem Boxer in Gemeinschaft lebt, wird kräftig, bekommt ein fleischiges Gesicht mit wenigen, aber tiefen Linien, wirkt beharrlich und erdverbunden.

Andere Rassehunde bewirken andere Veränderungen ihrer Herrinnen und Herren. Ich brauche sie hier nicht aufzuzählen.

Freunde, denen ich meine Wahrnehmungen weitergab, zeigten sich interessiert und stellten eigene Forschungen an. Sie versicherten mir bald, meine Beobachtungen träfen zu, seien aber dahin zu ergänzen, dass der Mensch in schweren Fällen sogar die Verhaltensweise seines Hundes annehme. Ein weites Forschungsfeld.

Gehen auch Sie einmal zu einer Rassehundeausstellung. Sie werden anregende Stunden verbringen und einen Teil der Welt mit neuen Augen sehen. Haben Sie dabei keine Angst: Was sich außerhalb der Boxen und Laufgehege bewegt, ist – von unangenehmen Ausnahmen abgesehen – der Hundebesitzer und nicht der Hund.

Kleinbus mit Badewanne

Unser jüngster Sohn hatte die Fahrprüfung bestanden und suchte einen gebrauchten Kleinbus. Zeitungen mit einschlägigen Angeboten türmten sich. Ihre Auswertung und Beratungsgespräche mit kompetenten und noch mehr mit nicht kompetenten Leuten füllten die Tage des frisch gebackenen Fahrerlaubnisinhabers, der sich eigentlich auf das Abitur vorzubereiten gehabt hätte. Endlich konnte er ein seiner Vorstellung entsprechendes Fahrzeug zum Preise von 1.400,00 DM erwerben. Mitte Mai im neunzehnhundertneunzigsten Jahre des Herrn fuhr er mit einem braungelb-grün angestrichenen VW-Bus, amtliche Bezeichnung: VW-Kombi, ausgerüstet mit zwei Türen und einer seitlichen Schiebetüre, vor dem Hause auf und entstieg ihm vor Besitzerstolz fast platzend. Wir ahnten nicht, was unserer Familie mit der Kaufsache zugewachsen war.

Das hohe Alter und der gebrauchte Zustand der von Kratzern, Beulen und Schrammen gezeichneten Karosse, deren Laufleistung nicht zu ermitteln war, sprangen ins Auge. Nicht zur Bejahrtheit des Busses passte die Jugendfrische des Fahrzeugbriefs. Er war erst wenige Tage alt und der Ersatz für ein angeblich verlorengegangenes Original, in dem, so stand es in dem neuen Brief, nach Erinnerung des Verkäufers zwei Vorbesitzer vermerkt waren. Es war selbst für einen Laien leicht, die Ferndiagnose zu stellen, dass der Verkäufer an einer Erinnerungsschwäche litt, die Krankheitswert hatte. Der Bus war ersichtlich durch mehr als drei Hände gegangen, und es schien sogar, dass es niemand gab, der ihn noch nicht besessen hatte.

Als uns der Sohn zu einer Fahrt auf dem Beifahrersitz einlud, regierte in der Kabine der Geruch nach warmem Altöl. Der Motor hämmerte und wir hatten die Empfindung, er sei nicht allzu fest mit den übrigen Teilen der schrecklichen Errungenschaft verbunden. Kein Wunder, dass meine Frau und ich uns umarmten, als der Ausflug vorüber war.

Es brauchte Zeit, bis der Sohn die Eigentümlichkeiten seines Busses kennengelernt hatte. Nach den ersten vier Gebrauchstagen war die Batterie leer und nicht mehr zu laden. Dann verweigerte die Lichtmaschine ihre Pflichten und musste ersetzt werden. Auch ließ der Prunkwagen Öl unter sich. Motor und Getriebe waren inkontinent, ein Wort, mit dem der Mediziner das Unvermögen beschreibt, beispielsweise Harn zu halten. Die Inkontinenz wurde mit einer Art Intimtextilie bekämpft, die in Gestalt eines Tuches unter dem parkenden Bus ausgebreitet wurde, um das Öl aufzusaugen. Ärgerlicherweise blieb das Tuch nach der Abfahrt des Busses häufig liegen, weil der Pilot versäumte, es einzupacken. Darunter litt das Bild unserer Wohnstraße. Den Motor anzulassen, war nach den Einsichten, die wir gewannen, nicht einfach. Die Frist, die dafür benötigt wurde, hing von der Tagesform des Busses ab, diese von Temperatur, Luftfeuchtigkeit, Windrichtung, den Anstrengungen des Vortags und dem Maß an Herzlichkeit, mit der ihm sein Herr gegenübertrat.

Lief der Motor, so gab es neue Probleme. Das Manövrieren mit dem Bus, dessen Lenkung ein weites Spiel hatte, verlangte Umsicht und Geübtheit, an denen es dem Fahrzeugführer in den ersten Wochen noch gebrach. Beim Rückwärtsfahren in einer Dorfgasse in Remseck stieß er auf unerwarteten Widerstand. Er war mit seiner Lokomotive gegen ein Doppelbett gefahren, das in zerlegtem Zustand aus dem Kofferraum eines Personenkraftwagens ragte. Das Bett wurde durch den Anstoß in den Kofferraum gedrückt, wo sich noch mehr verbog als an der Rückfront des Busses. Zudem waren an Teilen des Bettes Absplitterungen zu beklagen, die es nicht mehr gestatteten, das Bett zu benutzen. Dadurch bekam die Sache eine tragische Dimension. Das Bett war nämlich soeben von einem jungen Manne aus der Schreinerei geholt worden, um ihm und seiner Braut im Anschluss an die auf das nächste Wochenende anberaumte Hochzeitsfeier als Unterbau für das erste eheliche Beilager zu dienen. Damit war es nun nichts. Eine fachmännische Reparatur hätte Tage gedauert und eine Verschiebung der Trauung nötig gemacht. Das wünschten die ungeduldigen Verlobten nicht. Eine nur provisorische Reparatur war ihnen im Hinsehen auf die für den beabsichtigten Verwendungszweck wünschenswerte besondere Zuverlässigkeit des Bettes zu riskant. Also kam es, dass das Bett wegen des unvollkommenen Zusammenspiels von Bus und Buslenker um einen Höhepunkt seiner Geschichte kam, während das Brautpaar auf einen Höhepunkt der eigenen Geschichte zwar nicht verzichten, ihn aber auf einem Ersatzbett erleben musste. Solches und der drohende Verlust des Schadensfreiheitsrabattes drückten auf die Stimmung der Familie.

Trotz aller Widrigkeiten gehörte dem Bus die Liebe seines Besitzers und er nannte ihn zärtlich sein „Busle". Bei einem Schreinermeister im Hohenlohischen, mit dem ein Freund verwandt war, ließ er eine hölzerne Sitzbank einbauen und mit Polstern belegen. Das Interieur schmückte er mit von seiner Mutter genähten Vorhängen aus, die er an Vorhangschienen festmachte. Ein Spirituskocher und eine portable Sitzbadewanne, die bei Bedarf Abkühlung ermöglichen sollte, steigerten die Wohnlichkeit der Fahrgastzelle, die mit wenigen Handgriffen auch zur Schlafkoje verwandelt werden konnte. Accessoire war ferner der mit zwei statt mit acht Schrauben fixierte Dachständer, der eines Tages den Kastenwagen krönte. Nach dem Ratschluss des Wagenlenkers wurde er jedoch bald demontiert und zum Entsetzen der Eltern im Vorgarten gelagert. Auf deren Protest hin setzte der Sohn den Ständer vom Vorgarten in den weniger einsehbaren hinteren Hausgarten um, wo er aber auch nicht günstiger wirkte. Erst härteres Insistieren auf gänzliche Beseitigung des lästigen Zubehörs vom Grundstück brachte Abhilfe. Der Dachständer wurde gegen einen kleineren getauscht und dieser auf dem Bus montiert, diesmal mit der vorgeschriebenen Zahl von Schrauben. Primärgrund für den Umbau war freilich, dass der Sohn den Bus für eine längere Ferienreise in die Dolomiten und an die Riviera präparierte, an der vier Personen – er inbegriffen – teilnehmen sollten. Die Sorge der Eltern, der Bus könne eine solch weite Reise nicht durchhalten, teilte der Buskutscher nicht, und das Angebot der Eltern, falls die Reise wegen eines Schwächeanfalls des Transportgeräts – auch wenn ein solcher noch so fern liege – verkürzt werden müsse, in ein kleines Schwarzwalddorf zu kommen, wo sie – die Eltern – Urlaub machten, wies der Sohn mit beinahe kränkender Nachsicht zurück. Das wäre das letzte, so äußerte er sich, zu was man ihn gewinnen könne, und die Kleingläubigkeit seiner Eltern sei für ihn eine Belastung.

Es waren noch keine vierzehn Tage vergangen, als in dem Schwarzwalddorf das Telefon klingelte. Der Automobilist meldete sich und seine Truppe vorzeitig von der Reise zurück, weil Vergaser und andere Innereien des Busses Ermüdungserscheinungen zeigten, die so eindrucksvoll waren, dass dem Bus nicht einmal mehr eine Fahrt von Ludwigsburg in den Schwarzwald zugemutet werden konnte. Der Sohn schlug deshalb vor, mit dem Auto seiner Mutter dorthin zu kommen. So geschah es, und unser herrlicher Abkömmling erholte sich in der würzigen Schwarzwaldluft zusehends von dem nervenzehrenden Umgang mit dem Uraltmodell aus Wolfsburg. Darüber, dass er solche Ferien noch kurz zuvor als mit seiner Weltanschauung unvereinbar abgetan hatte, verlor er kein Wort mehr. Das war im August.

Den September verbrachte der Sohn damit, das Vehiculum horribile gesund zu pflegen. Bald hielt er seinen Pflegling für kräftig genug, ihn und einen Kameraden zur Feier der deutschen Wiedervereinigung nach Berlin zu befördern. Die Eltern und Geschwister unterdrückten ihre Zweifel an dem glücklichen Ausgang der Expedition und winkten dem stark ausdünstenden Gefährt und seinen beiden Insassen mit undeutlichen Gefühlen nach. Am Tage nach den Feierlichkeiten kehrte der Chauffeur nach Ludwigsburg zurück, jedoch ohne Bus. Hatte dieser schon bei Leipzig Anzeichen eines nahen Zusammenbruchs zu erkennen gegeben, so konnte er – nur auf zwei Töpfen laufend – eben noch in eine Berliner Werkstatt gelenkt werden. Dann ging nichts mehr. Während sich die beiden Teile Deutschlands unter Glockenton und Jubelruf vereinten, mussten Fahrer und Bus sich voneinander trennen. Mit Schlafsack und anderem Gepäck beladen, langte der Sohn vor seinem Elternhaus in Ludwigsburg an. Er erinnerte an den Westernheld John Wayne, wie er, als ihm die Banditen am Bloody Hill das Pferd unter dem Hintern weggeschossen hatten, nach bösem Marsch durch Staub und Hitze, sein Sattelzeug schleppend, schweißbedeckt und unrasiert, den ersten Saloon in Silver City erreichte. Der Sohn hatte unser Mitgefühl und wir hörten an diesem Abend nur getragene Musik.

Bereits der folgende Tag zeigte, dass unsere Beziehungen zu dem Bus durchaus noch nicht beendet waren. An der Haustür klingelte ein Herr Reinecke und meldete, er befinde sich auf der Fahrt von Berlin nach Garmisch-Partenkirchen und habe einen VW-Kombi abzuliefern. Wir eilten auf die Straße, wo ein wahrer Lindwurm von Autotransporter hielt, auf dem einsam und allein der uns allen vertraute braun-gelb-grüne Bus des Sohnes thronte. Das Wiedersehen, das ein Schutzbrief des ADAC möglich gemacht hat, rührte uns. Der Bus wurde von Herrn Reinecke unter großer Anteilnahme der Nachbarschaft auf die Straße gelassen. Kein Fenster der Häuser, vor denen sich der Transporter erstreckte, blieb geschlossen. In ihnen zeigten sich Menschen, die wir schon lange nicht mehr gesehen hatten. Es war ein Fest der Begegnung. Ein Kaffeestündchen mit Herrn Reinecke, zu dem wir ihn nicht lange bitten mussten, schloss sich an. Dann schied Herr Reinecke von uns und versuchte, seinen Transporter in Richtung Garmisch-Partenkirchen und der Zugspitze zu fahren. Dies misslang. Der kranke VW-Bus hatte seinen größeren Bruder infiziert. Der jedenfalls lief nicht und gab nur hässliche Geräusche von sich. Erst anderntags konnte er von einer Spezialisteneinheit wieder flott gemacht werden. Herr Reinecke musste in Ludwigsburg übernachten und konnte von Garmisch-Partenkirchen nur träumen. Sein Transporter blockierte indessen einen großen Teil der Parkplätze unserer Straße.

Der Hingabe eines Kraftfahrzeugmeisters aus der Klientel des Vaters gelang es, dem Motor noch einmal etwas Kraft einzuhauchen, und so konnte es gewagt werden, den Bus im Dezember 1990 bei einer Demonstration gegen den drohenden Golf-Krieg einzusetzen. Mit Spruchbändern bespannt, welche seine Blessuren und Roststellen barmherzig verbargen, und mit einem Lautsprecher auf dem Dach begegnen wir ihm in der Innenstadt Ludwigsburgs inmitten Kolonnen marschierender Menschen. Der Sohn und seine mitfahrenden Gesinnungsgenossen gaben über den Lautsprecher ihre Meinung zum Kriege im Allgemeinen und zu dem am Golf heraufziehenden im Besonderen bekannt, bis der Bus plötzlich nach ein paar grässlichen Fehlzündungen in bläulichem Dampfe stehen blieb. Nun ereignete sich etwas in der Polizeigeschichte Singuläres. Die begleitenden Beamten griffen, von Mitleid gerührt, ein und schoben den Invaliden im Demonstrationszug bis zum Holzmarkt, um ihm und seiner Crew die Möglichkeit zu geben, auch noch des dort stattfindenden zentralen Protestgeschehens teilhaftig zu werden. Danach half dann das Gefälle des Kaffeebergs, den Bus wieder in Betrieb zu setzen und ihn vor unsere Wohnstätte zu translocieren.

Nach diesem Ereignis war der moribunde Zustand des Fahrzeugs nicht mehr zu übersehen, und es war auch dem Sohn klar, dass der Bus ohne Implantation eines neuen Motors, begleitet von karosseriedeckenden Schweißarbeiten, nicht den Gefallen des TÜV finden würde, dem er im Frühsommer vorzustellen war.

Anfang April glückte es dem Sohn, der inzwischen ohne jede Vorbereitung das Abitur bestanden hatte, einen Ersatzmotor aufzutreiben, der eingebaut wurde. Die Schweißarbeiten begannen im Anschluss daran und erstreckten sich bis Juli, woraus der Kundige nochmals vieles, wenn auch nicht alles, über die höchst bedenkliche Verfassung des Automobils erfährt. Trotz aller Mühe fand der Bus keine Gnade vor den Augen des TÜV. Der Sohn erhielt einen langen Mängelbericht und die Aufforderung, die Mängel binnen der Frist von zwei Monaten abzustellen. Auch riet der TÜV dringend, den alten Motor, den der Sohn mangels Deponiefläche im Bus lagerte, und zu den meisten Lustfahrten mitnahm, zu entsorgen. Jetzt schien es, als ginge der Busfahrer erstmals neben der Kappe, aber nur einen Moment lang. Dann hatte er die Fassung wieder und verordnete – durch die weit hinausgesetzte Frist zur Beseitigung der Mängel ermutigt – dem Bus und sich zuerst einmal eine Luftkur am Walchensee, die beiden bekam. Sodann überstellte er sein fürchterliches Auto wieder dem schon erwähnten Kraftfahrzeugmeister, der mehrere Tage und Nächte lang sein Bestes gab, um die Kalesche zu liften. Der alte Motor wurde derweilen bei einem gutmütigen Bürger zwischengelagert und schließlich – nach allerhand Komplikationen – an einen Schrotthändler abgestoßen. In den ersten Septembertagen schüttete Fortuna ihr Füllhorn über den Sohn aus. Heraus fiel das TÜV-Zeugnis. Langsam fand die Familie wieder zu ihrem Frieden. Insbesondere die Mutter, auf die das Automobil aus versicherungstechnischen Gründen zugelassen war, und die sich schon von Vollzugsbeamten des Landratsamts nach Stammheim abgeführt gesehen hatte, weil sie den Bus trotz fehlender Verkehrssicherheit am Straßenverkehr teilnehmen ließ, atmete auf und schlief nachts wieder durch.

Die Nachricht von der amtlich attestierten Verkehrstauglichkeit des Busses verbreitete sich mit Windeseile und brachte dem Busfahrer manchen Auftrag ein. Sie kam auch der zahlreichen Nachkommenschaft des Ludwigsburger Landrats und damit diesem selbst zu Ohren. Er fasste Zutrauen zu Bus und Fuhrmann und machte sich beide dienstbar, in dem er den Letztgenannten ohne spürbare Hemmung bat, seinen Weinkeller von Ludwigsburg nach Höpfigheim, wohin er gerade verzog, zu spedieren. Es waren mehrere Touren nötig, womit ein Beweis nicht nur für die Größe der landrätlichen Weinvorräte geliefert ist, sondern auch für die Geldsumme, die der Landrat einsparte, indem er am Speditionsgewerbe seines Herrschaftsgebietes vorbeiplante. Das war aber nicht das Entscheidende. Das Entscheidende war, dass dem Bus die Ehre, den landrätlichen Burgunder, Malvasier und Riesling zu befördern, wohl tat, denn danach lief und lief und lief der Bus, so wie man es von einem Produkt aus dem Wolfsburger Unternehmen erwarten können soll.

PS: Die Geschichte Kleinbus spielte vor einigen Jahren. Inzwischen ist der Kleinbus den Weg alles Irdischen gegangen, er hat sozusagen das Zeitliche mit dem Ewigen verwechselt. Als er eines Morgens nicht mehr zu lenken war, mußte er – von allen betrauert – auf einen Autofriedhof gebracht werden. Ein Lada Niva mit Allradantrieb, von unserem Sohn ebenfalls gebraucht erworben, ist sein Nachfolger. Ein braves Auto mit geräuschreichem Motor, aber ohne den Unterhaltungswert seines Vorgängers.

Eine Reise mit der Deutschen Bahn AG

Im November (4. 11. 1998) hatte ich vor dem Verwaltungsgericht Freiburg aufzutreten. Ich beschloss, mit der Deutschen Bahn zu reisen und meine Frau mitzunehmen. Es wurde eine Reise, auf der wir uns ein Bild vom Zustand der Deutschen Bahn machen konnten.

Am Morgen des Reisetages nahmen wir pünktlich Aufstellung auf dem Bahnsteig des Haltepunktes Ludwigsburg, als über Lautsprecher mitgeteilt wurde, der Zug habe 10 bis 15 Minuten Verspätung. Unmut und Unruhe bemächtigten sich unser. In Karlsruhe hatten wir nämlich nur 7 Minuten Zeit, um in den Anschlusszug nach Freiburg umzusteigen. Ging uns dieser Zug hinaus, war ich zur Terminsstunde nicht beim Verwaltungsgericht, die Reise war dann vergeblich. Als der Zug, wie angesagt, 10 Minuten verspätet eingefahren war, und wir in ihm Platz genommen hatten, berichteten wir dem Zugführer von unserer Sorge. Der zu dieser Morgenstunde noch unverbrauchte Mann beruhigte uns, es sei möglich, dass der Zug die Verspätung aufhole, wenn nicht, werde er rechtzeitig nach Karlsruhe funken, der Anschlusszug solle warten. Wir glaubten wieder an das Gute und sprachen miteinander über Kinder und Enkel. Alle 15 Schienenkilometer kam der Zugführer und gab einen Lagebericht. „Wir haben" – so meldete er – „drei Minuten aufgeholt", dann „wir sind nur noch fünf Minuten im Verzuge" und schließlich „ich habe mit Karlsruhe Kontakt aufgenommen, der Zug nach Freiburg wartet." Wir dankten dem fürsorglichen Manne. In Karlsruhe wartete der Anschlusszug keineswegs, denn er war noch gar nicht eingetroffen und hatte seinerseits Verspätung. „Auch recht", sagten wir und übten uns in Geduld, bis er einlief.

Von der weiteren Reise nach Freiburg und zurück über Karlsruhe bis Vaihingen/Enz ist nichts, von da an aber wieder vieles zu berichten.

Der Zug hielt 17.01 Uhr in Vaihingen/Enz. Wir konnten ihn nicht weiter benutzen, weil er vor Stuttgart nicht mehr hielt, wir aber in Ludwigsburg aussteigen mussten. Wir hatten deshalb auf einen anderen Zug zu warten, dem auch Bietigheim und Ludwigsburg einen Halt wert war. Den Aufenthalt von einer knappen Viertelstunde verbrachten wir damit, uns im trüben Licht des frühen Novemberabends die Bahnhofsanlage von Vaihingen/Enz anzusehen, einen Ort, der nicht nur ohne jeden Unterhaltungswert, sondern darüber hinaus an Leere und Trostlosigkeit nicht zu überbieten ist. Wir dachten an Leopold Mozart, der Vaihingen/Enz lange vor Erfindung der Eisenbahn einen „ganz lutherischen miserablen Ort" genannt hatte. Auf den Bahnsteig zurückgekehrt, mussten wir erfahren, dass unser Zug Verspätung habe und nicht im Fahrplan sei. Statt dessen nahe aber bald ein anderer gleichfalls verspäteter Regionalzug, der zwar nach Fahrplan wiederum nicht vor Stuttgart halte, aber dies im Hinblick auf die Verspätung unseres Zuges in Bietigheim und Ludwigsburg ausnahmsweise doch tue, so dass die Reisenden nach Bietigheim und Ludwigsburg einsteigen sollten. Zur Bekräftigung der Mitteilung über einen röhrenden Lautsprecher wurde auch die optische Abfahrtsanzeige geändert: „Zug hält in Bietigheim und Ludwigsburg". Wir freuten uns über die flexible Deutsche Bahn und erteilten ihr erstmals an diesem Tage eine gute Note. Vorschnell, wie sich herausstellen sollte. Kaum war der Zug, den wir als unseren Rettungszug bezeichneten, angefahren, kam die Fahrkartenkontrolle. Wohin wir reisen wollten, fragte der trotz vorgerückter Tageszeit noch immer pflichtbewusste Schaffner. „Nach Ludwigsburg", antworteten wir aus einem Munde. „Da hält dieser Zug nicht", versetzte der Kontrolleur in überlegener Manier. „Wir wissen es besser", sagten wir und berichteten mit erhobener Stimme von den Versprechungen der Vaihinger Bahnhofscrew. Der Schaffner wurde unsicher und schloss einen Informationsrückstand nicht aus. Seine Unsicherheit wuchs, als sich ihm ein zweiter Schaffner zugesellte und von anderen auch in Vaihingen/Enz zugestiegenen Reisenden berichtete, die dasselbe sagten wie wir. Die beiden Schaffner wollten mit dem Lokomotivführer und anderen einschlägigen Stellen des Fahrdienstes in Verbindung treten und uns unterrichtet halten, wiesen aber mit traurigen Blicken darauf hin, dass dies in diesem Zuge aus nicht näher definierten technischen Gründen schwierig sei und dauern könne. Kurz vor Bietigheim erschien der Zugführer allein und sagte, es bleibe leider dabei, der Zug halte nicht vor Stuttgart. Unseren Protest, wir würden aber kein zusätzliches Fahrgeld für die uns aufgezwungene Fahrt von Ludwigsburg nach Stuttgart und zurück bezahlen, verstand der uniformierte Zugbegleiter. Für unsere Deportation von Ludwigsburg nach Stuttgart verlangte er als zuständiger Zugführer nichts. Im übrigen verwies er uns an den Info-Point im Hauptbahnhof der Landeshauptstadt, dem er von der Katastrophe Bescheid geben werde. Wir würden dort ein Papier erhalten, vermöge dessen wir ohne Fahrgeld mit einem Zuge unserer Wahl von Stuttgart nach Ludwigsburg zurückkehren dürften. Wir schüttelten die Köpfe und ergaben uns ins Unabänderliche.

Ohne zu halten fuhr der Zug durch Bietigheim, desgleichen durch Ludwigsburg. Mit Wehmut sahen wir die liebe alte Stadtkirche im Strahle der Scheinwerfer, die Schillerstraße, die ehemalige Zichorienfabrik, den mit buntem Leben erfüllten Bahnhofsvorplatz und das Wüstenrot-Hochhaus und – sausten vorbei. Plötzlich knirschten die Bremsen und der Zug kam etwa auf Höhe der Firma SATA zum Stehen. Und stand und stand und stand. Keiner der beiden Schaffner zeigte sich, um den Halt auf freier Strecke zu kommentieren und Trost zu spenden. Ich las meiner Frau zwei Kurzgeschichten vor. Dann endlich fuhr der Zug wieder an, aber nicht etwa in Richtung Stuttgart, sondern rückwärts in die Richtung, aus der wir gekommen waren. Er fuhr sehr langsam und vorsichtig, aber er fuhr und fuhr und erreichte schließlich den Haltepunkt Ludwigsburg, durch den er kurz zuvor hochmütig durchgejagt war, und – hielt. In meinem langen Leben bin ich mit einer Eisenbahn noch nie so weit rückwärts gefahren. Meine Frau und ich stürzten an die Wagentüre und verließen den Zug. Wir sahen unsere beiden Schaffner völlig verwirrt vor demselben beieinander stehen und uns zuwinken. „Gut, dass Sie ausgestiegen sind", sagten sie, „sonst hätten wir Sie geholt, Sie können jetzt aussteigen". Meine Frage, ob der Express nun auch noch rückwärts nach Bietigheim führe, verneinten sie, aber wir spürten, dass beide es nicht wussten.

Meine Frau und ich atmeten tief durch und dachten im Café Kunzi in unserer Heimatstadt über die Deutsche Bahn und ihre Zukunft nach.

Baskenmütze, Fliege und Hosenrock

Sage mir, was du anziehst, und ich sage dir, wer du bist. Ein Mann, der auf dem Jungfernstieg in Hamburg, auf der Königstraße in Stuttgart oder auf der Zeil in Frankfurt eine Gebirgstracht trägt, ist entweder versprengter Tiroler, der seine Herkunft nicht bewältigt, oder Nonkonformist oder komischer Rebell. Eine Frau, die sich durch Reformkleidung, also aus umweltfreundlich gewonnenen Spinn- und Wollstoffen gefertigte, ins Kuttenhafte spielende Gewänder kenntlich macht, und sich barfüßig in Sandalen unter Verzicht auf Grazie bewegt, ist fortschrittsverdrossen, ökopaxbewegt und ernährt sich vegetarisch unter Bevorzugung von Körnern.

Das Gesagte weist die Richtung. Es gibt auch heute noch Kleiderordnungen, freilich nicht von oben verordnete wie in früherer Zeit, sondern gewillkürte oder auf stillschweigendem Gruppenkonsens beruhende, mit deren Befolgung Haltung, Gesinnung und Konfession bezeugt und der innere Zustand des Kostümierten offenbart wird.

Dieser Satz feiert bei der Betrachtung der Verwender der Baskenmütze – casquette de Basques – einen ersten Triumph. Bei Frauen ist sie modischer Schnickschnack, bei Männern nicht. Hier wird sie von Intellektuellen mit politischer Linksneigung aufgesetzt. Sie verstecken unter der nach Material und Machart nicht eben hoffärtig zu nennenden Kappe die Überzeugung von der eigenen Wichtigkeit und Überlegenheit. Es sind keine schlimmen Menschen, aber zum Beispiel fortschrittliche evangelische, der Bultmannschule und ihren Verzweigungen entwachsene Theologen, ambitionierte Philologen und Pädagogen, die sich schon einmal in einer Fachzeitschrift zu Wort gemeldet haben, Angehörige der Literatur- und Kunstszene, aber vereinzelt auch Männer der Administration und Wirtschaft. Sie alle messen irdischen Gütern, Wohlstand und Ansehen kein erwähnenswertes Gewicht bei oder geben es jedenfalls vor, setzen sich vermittelst der Baskenmütze von ihren unbemützten Zeitgenossen und Weggefährten ab und stellen sich selbst ein wohlwollendes Zeugnis aus, wobei sie freilich übersehen, dass sie der Pharisäer treibt.

Ein ähnlich sprechendes Kleidungsstück ist die von Männern quer als Schleife gebundene schmale Halsbinde, die Fliege. Wer sie hin und wieder trägt, ist unauffällig, wer sie immer trägt, nicht. Ein Mann, der sie täglich anlegt, ist mit sich eins, zeigt Entschlossenheit, wirkt unverbraucht, beweist Unverzagtheit und Festigkeit in jeder Lage, auch in intimer, die das Ablegen der Fliege anständigerweise erfordert, er formuliert scharf, weiß über alles Bescheid und bringt sein Wissen mit einer Attitüde in die Welt, die das Gegenüber spüren lässt, dass es sich geistig und sozial Etagen tiefer befindet, in mediokren oder gar inferioren Bereichen. Der Fliegenträger rückt bei seinem Auftritt die hierarchischen Verhältnisse zurecht und hält und verteidigt die „tête de la course". Er wird von seiner Fliege wie von einer Luftschraube nach oben gehoben, und lässt Krawatten- und Plastronträger in Dunst und Niederung zurück. Schon deshalb wird zu ihm aufgeblickt, schon deshalb hat er etwas geradezu Seraphisches. Ausnahmen sind selten.

Es sei noch, wie im Titel versprochen, die Aufmerksamkeit auf ein Kleidungsstück sui generis gerichtet, den Hosenrock, einen Bastard aus Rock und Hose, einen wahren Hermaphroditen. Die bis zu den Knöcheln reichende Hose, um mit ihr zu beginnen, ist ein unweibliches Kleidungsstück und – wird sie dennoch von Frauen angezogen – in keinem denkbaren Fall kleidsamer als ein Rock, eine Feststellung, die zum Weltkulturerbe erhoben werden sollte. Sie umschließt die Frau von der Hüfte an völlig und lässt sie mangels einer Einfallsmöglichkeit uneinnehmbar erscheinen. Eine Hosen tragende Frau hat sich verbarrikadiert und Annäherungshindernisse aufgebaut, sie gibt erotischer Fantasie wenig Raum und weckt bei Männern deshalb nur schwaches Verlangen. Anders verhält es sich mit dem Rock. Er fällt von der Taille der Frau an abwärts und ist nach unten geöffnet. Er schwingt beim Gehen der Trägerin und zeigt einmal weniger, einmal mehr der von ihm verhüllten Bezirke. Die Beine verschwinden unter ihm und setzen sich geheimnisvoll nach oben fort. Der Rock ist ein erotisches Instrument. Er stimuliert den Mann, beflügelt ihn, fördert seine Vorstellungskraft und erinnert ihn daran, um eine Anleihe bei Shakespeare zu machen, seine Natur zu erfüllen. Jetzt aber der Hosenrock. Er ist weder kalt noch warm, weder Fisch noch Fleisch. Er kommt als Rock daher und erweckt im männlichen Betrachter die beim Anblick einer Rockträgerin beschriebenen Empfindungen, dann aber, wenn die Trägerin sich bewegt, erweist er sich als Hose mit allen Schatten einer solchen. Der Mann fühlt sich auf falsche Fährte gelockt, er ist genarrt, seine Gefühle sind kupiert und beleidigt, er wendet sich vergrämt ab und zitiert Horaz: „Desinit in piscem mulier formosa superne – in einem Fischschwanz endet das oberhalb prächtige Weibsbild." Der Hosenrock hat etwas Erkältendes, Gelüstefeindliches, Reiztötendes, Interrumpierendes. Er ist eine tückische und boshafte Erfindung, ein Kobold.

Dass er trotzdem getragen wird, ist ein Rätsel. Seine Liebhaberinnen sind nicht so leicht einzuordnen wie die Benutzer von Baskenmützen und Fliegen, aber sie sind es doch. Es sind vornehmlich ältere Frauen, die meinen, den Sinnesfreuden Valet sagen zu müssen, ohne es aber recht zu wollen. So gesehen haftet dem Hosenrock auch noch Säuerliches und Unaufrichtiges an. Herunter also mit ihm.

Sage mir, was du anziehst, und ich sage dir wer du bist. Trifft dies nun zu oder nicht? Ich meine, Kleider machen Leute, aber sie enttarnen sie auch.

Die bestellte Festrede

Vorbemerkung des Bestellers

Allein aus ethisch-erzieherischen Gründen kann ich die Veröffentlichung dieses vor fast dreihundert geladenen Gästen vorgetragenen Pamphlets erlauben, ist es doch schlagender Beweis und warnendes Beispiel, wie auch ein ansonsten klug erscheinender, mit einem gewissen Rechtsempfinden – beruflich wenigstens – ausgestatteter Mensch allzu leichtfertig Verleumdungen, Gerüchten und Vorurteilen aufsitzen kann, und weil das brüllende, jeder Zurückhaltung entbehrende Gelächter während des Vortragens eine weitere Sünde, eine nicht lässliche, darstellt, nämlich die der menschlichen Schadenfreude, ein animalisches Urgelächter, das selbst den be- und stark getroffenen Jubilar eine kurze Zeit mitriss, nur kurz allerdings.

P.S.: .... und weil ein granum salis im Gesagten ist, doch ein winziges nur.

Hermann Aigner (Jubilar)

Die Worte des Festredners:

Verehrtes Publikum,
lieber Freund,

manches von dem was ich sagen werde, ist etwas aufgetragen, manches ist erfunden, aber alles ist wahr.

Der Buchhändler Hermann A. aus L., dem wir dieses Beisammensein zu verdanken haben, begann seine erstaunliche Laufbahn als Schüler der Schiller-Oberschule, machte dann eine Buchhändler-Lehre, die ihn auch nach London führte, wo er seinen englischen Wortschatz binnen Jahresfrist auf 250 Vokabeln erweiterte und wurde dann – wie er selbst zu sagen pflegt – zunächst Teilhaber und dann Ganzhaber der väterlichen Buchhandlung am Arsenalplatz, die er bisher dreimal umbauen zu müssen meinte. Er führte einen Rechtsstreit gegen einen gewissen Ralph S. im Hessischen, der ihm einen Posten Bücher nicht bezahlte, wurde ins Kreis- und Stadtparlament und in den Rotary-Club gewählt, feierte seinen 60. Geburtstag in der Hohenecker Kelter und weiht zu dieser Stunde wieder einmal seine Buchhandlung ein. Dazwischen lebte er in Kitzbühel, Kalifornien und auf den Bermudas, fuhr Ski, surfte, spielte Tennis, Golf, Wasser-, Fuß- und Faustball und besuchte regelmäßig 4-Sterne-Restaurants, auch Jazz-Keller und Etablissements des leichten Genres. Er überanstrengte sich gleichwohl und zog sich als Folge seines Lebenswandels in den siebziger Jahren eine Krankheit des rheumatischen Formenkreises zu, die er dadurch bekämpfte, dass er sich allen Fleisches enthielt, jedenfalls in der Nahrung, und in einem teuren Sanatorium am Wörthersee einen Sommer lang von ungesäuertem Brot und Milch lebte. Auf Anweisung der Sanatoriumsleitung hatte er über Farbe und Form seines Stuhls Buch zu führen. Die Aufzeichnungen sind erhalten und versprechen, eine stadtgeschichtliche Kostbarkeit zu werden. In L., der Heimatstadt des Buchhändlers, die um den angenehmen, einfallsreichen, geschäftstüchtigen, originellen, liebenswerten und hilfsbereiten, jedoch auch lebensfrohen und sehr sinneslustigen Mann beneidet wird, zeigt man bei amtlichen Stadtführungen nicht nur sein Haus am Arsenalplatz mit dem an die einstige Hofbuchhandlung erinnernden württembergischen Wappen, dessen Wappenhalter – Hirsch und Löwe – der Buchhändler trotz herzlicher Korrekturbitten aus unerfindlichen Gründen heraldisch falsch angebracht lässt, sondern man zeigt auch eine Stelle in der Seestraße, wo der Buchhändler – ein Knabe noch – in einem inzwischen der Abrissbirne zum Opfer gefallenen Haus mit einer Ludwigsburger Mädchenknospe seinen ersten Liebeshandel hatte. Wenn es im Leben des Buchhändlers Hermann A. etwas zu verzeihen gibt, so ist es neben der Unpünktlichkeit, von der noch die Rede sein wird, seine gänzlich unterentwickelte Widerstandskraft gegen weiblichen Liebreiz.

Als sich unser Buchhändler am Morgen des 29. März, an dessen Abend er sein großes Einweihungsfest aus Anlass des dritten Umbaus seiner Buchhandlung zu feiern im Sinn hatte, aus seinem Bett erhob, in dem er die ganze Nacht ohne einen Fremdkörper verbracht hatte, fühlte er sich verhältnismäßig frisch. Er trat nach seiner Gewohnheit zunächst vor den Spiegel und betrachtete sich eingehend, sah aber nichts, was er nicht schon wusste. Mit raschen, kurzen Bewegungen beider Hände lockerte er seine Haare, wobei er nicht verhindern konnte, dass der obere kurze und der untere längere Teil seines rohseidenen Pyjama-Zweiteilers sich verschoben und ein größerer Bezirk seines Rumpfes sichtbar wurde, dessen Anblick ihm schmerzlich bewusst machte, kein Jüngling mehr, sondern fast auf den Tag genau 64,5 Jahre alt zu sein. Dennoch machte er einige Dehnungsübungen und spreizte die Zehen, um diese der Morgenluft teilhaftig werden zu lassen, die durch die geöffnete Tür des Wintergartens seines Anwesens in schönster Wohnlage nahe dem Walde hereinwehte. Dann trat er unter die Dusche und anschließend in seinen Kosmetiksalon mit angegliedertem Bräunungsstudio, wo er Tinkturen, Salben, Wässerchen, Emulsionen und Cremes – für jede Körperstelle andere – liebevoll zur Anwendung brachte und sohin lange verweilte. Der gewissenhaften Körperpflege ist es zu danken, dass das optische Alter des Buchhändlers Hermann A. niedriger geschätzt wird als sein biologisches und auf dem Standesamt registriertes, wenn auch nur um einige Wochen.

Wir begegnen unserem Helden wieder, wie er, nachdem er sich angekleidet, gefrühstückt und einen die Spannkraft vervielfältigenden Stärkungstrank zu sich genommen hatte, mit zunehmendem Behagen im Hauptbuch der Unternehmensgruppe Julius A. GmbH las. Auch der jüngste Umbau hatte die Rücklagen und Gewinne nicht aufzuzehren vermocht. Durch die Lektüre des Hauptbuches beflügelt, zählte der Buchhändler sodann die Stücke seiner Sammlung aus Ludwigsburger Porzellan und stellte mit Befriedigung fest, dass keines abhanden gekommen war, und dass alle wieder einen Tag älter und damit wertvoller geworden waren. Nun erst konnte er sich unbeschwert einigen Bildnissen zukehren, die auf einer altertümlichen Kredenz aufgereiht waren. Es handelte sich um solche von taufrischen und hinreißend schönen Frauen, durchweg in Wechselrahmen, die den Buchhändler vermutlich schon einmal glücklich gemacht hatten, oder von denen er hoffte, dass sie ihn, wenn sie sich beeilten, noch glücklich machen könnten, so z. B. Kim Basinger, Claudia Schiffer, Julia Roberts, Birgit Schrowange. Wir erinnern uns an dieser Stelle des vorher Gesagten, dass nämlich das Immunsystem des Buchhändlers Hermann A. gegen frauliche Buchtung, schwellende Lippen, Hochbeinigkeit und Marzipanhaut als zusammengebrochen zu gelten hat.

Unseren Buchhändler, den wir desto lieber gewinnen, je mehr wir von ihm hören, zeichnet auch Gemütsreichtum aus, weshalb er jetzt lange und sinnend vor dem Bild seiner Eltern Kurt und Hedwig A. verharrte. Den beiden waren nach ihrer Vermählung in rascher Folge drei Mädchen geschenkt worden, was den Eltern zwar gefiel, aber ein Sohn wäre ihnen auch nicht unwillkommen gewesen. So bemühten sich beide in den langen Nächten des Winters 1930/31 nochmals und schon im September 1931 entband Mutter Hedwig von einem Sohn, dem heute jubilierenden Bücherspezialisten. Aufjauchzend nannte man ihn Hermann. In keinem Namen kommt das Virile stärker zum Ausdruck als in Hermann, da Herr und Mann beieinander stehen. Dass Hermann der Familie seiner Eltern und Schwestern als letztes Kind zuwuchs, hatte eine Wirkung, die bis heute nicht zur Gänze erforscht ist. Der Buchhändler Hermann A. hat es bis in diese Tage, da er uns als Greis im Anfangsstadium entgegentrat, nicht abzustellen vermocht, zu jeder Veranstaltung, zu jeder Sitzung, zu jedem Treffen und an den Arbeitsplatz als letzter, d.h., zu spät zu kommen, wenn er denn überhaupt kommt.

Die beiden liebenswürdigen Schwächen unseres Buchhändlers kommen in einer Begebenheit besonders exemplarisch zum Vorschein, die deshalb nicht verschwiegen werden darf. Ein Kunde der Buchhandlung, der mit den Eigenarten des Hermann A. nicht vertraut war, wollte denselben morgens um 10.00 Uhr in seiner Buchhandlung sprechen. Er geriet an eine junge, hübsche Verkäuferin, die ihm sagte, der Buchhändler sei nicht anwesend, denn dies sei nicht seine Zeit. Der Kunde meinte darauf, dann komme er um 16.00 Uhr wieder, da sei der Buchhändler doch sicher anzutreffen. Das sei auch nicht seine Zeit, meinte die Grazie. Ja, wann denn die Zeit des Buchhändlers sei, fragte mit einem Anflug von Befremdung der Kunde. Das wisse sie nicht, sie sei erst vier Wochen da und seit dem Einstellungsgespräch habe sie den Buchhändler Hermann A. nicht mehr gesehen. Das Einstellungsgespräch – die kleine Verkäuferin geriet ins Plaudern – sei übrigens sehr ungewöhnlich verlaufen. Sie habe nur ihren Bewerbungsbogen vorlegen, ihr Alter sagen und sich dann einmal langsam um die eigene Achse drehen müssen, indes der Buchhändler, der sie genüsslich betrachtet habe, auf ihren Bewerbungsbogen „Angenommen A." geschrieben und aus den beiden Großbuchstaben „A" zwei lachende Gesichter gemacht habe.

Wir kehren zurück in das uns bekannte Anwesen, wo der Buchhändler Hermann A. soeben auf den teuren Chronometer sah, den er am Handgelenk trug. Es war 11.00 Uhr. Nun war es Zeit fürs Schwimmbad. Anschließend wollte er im „Adler" in A. zu Mittag speisen, dann zu

Hause ein wenig ruhen und dann noch einen Waldlauf machen. Ehe er zum Schwimmen aufbrach, schrieb er aber noch rasch einige Zeilen an seinen Freund W., mit denen er bei diesem eine Rede bestellte und ihn aufforderte, am Abend als Freund einige Worte zu sagen, weil er sonst „ganz arg traurig" sei. Die Zeilen mit Dringlichkeitsvermerk lieferte er persönlich im Sekretariat des Freundes ab, wodurch sein Zeitplan durcheinander geriet, und er natürlich verspätet zum Schwimmen, verspätet zum Mittagessen, verspätet zum Ausruhen und verspätet zum Waldlauf kam, woran auch der schnelle Jaguar, mit dem er sich von Vergnügungsstätte zu Vergnügungsstätte zu bewegen die Freiheit nimmt, nichts zu ändern vermochte. Wir sind froh, dass er heute abend da ist.

Der Freund und Redner wider Willen, der nach Einschätzung des Buchhändlers offenbar nichts zu tun hat, setzte sich mit jagendem Puls in einen abgedunkelten Raum und schrieb das nieder, was er gerade zum Besten gegeben hat. Er hofft, dass der Buchhändler Hermann A. aus L. nicht die Stunde verwünscht, da er die Bestellung aufgegeben und seinen Freund gedrängt hat, das Wort zu nehmen, sonst wäre es nämlich dieser, der „ganz arg traurig" wäre.

Herzlichen Glückwunsch dem Buchhändler Hermann A. aus L., dem guten Manne und Freund, dem man nichts übelnehmen kann, herzlichen Glückwunsch seiner Familie und seinen Mitarbeiterinnen und Mitarbeitern zur vielleicht schönsten Buchhandlung weltweit, hoffentlich aber nicht zur teuersten. Ist's ein Zufall, dass in diesen Tagen der Komet Hyakutake am Himmel und damit auch über der neuen Buchhandlung steht?

Inhalt

Der wüste Film	5
Wein aus Frankreich	7
Momentomole oder Ratenzahlung auf italienisch	12
Der Mast	18
Das Domaklesschwert im Rücken	22
Drahomira	25
Die erotische Lina	29
Unternehmen Zaubergeige	33
Hund im Lokal	38
La Nascita di Venere oder die Geburt der Venus	42
Der Aufseher aus Backnang	47
Das verschmähte Wildberg bei Calw	50
Die Auszeichnung	53
Daniel	56
Vergeblicher Husarenritt	59
Rauer Rat	61
Mein Sohn Ewald …	64
Der Maulwurf und sein Henker	69
Das neue Landeslied	74
Rassehunde	79
Kleinbus mit Badewanne	82
Eine Reise mit der Deutschen Bahn AG	92
Baskenmütze, Fliege und Hosenrock	97
Die bestellte Festrede	101

Fr. Stroh Verlag, Backnang – 2000
Gesamtherstellung:
Stroh. Druck und Medien GmbH
Backnang

© Alle Rechte vorbehalten
1. Auflage
ISBN 3-927713-28-7